アメリカ占領期の沖縄高等教育

文化冷戦時代の民主教育の光と影

溝口 聡［著］

Higher Education in Okinawa
During American Occupation

吉田書店

アメリカ占領期の沖縄高等教育

——文化冷戦時代の民主教育の光と影

【目次】

はじめに

第二次世界大戦後の米ソによる覇権争いは、軍事、外交、経済の分野のみならず、文化、教育、ライフスタイルまでをも含む、人々の心をつかむ闘いであった。[1]冷戦史研究者もまた、文化と国際政治への関心の高まりとともに、米ソのソフト・パワーが世界にもたらした政治的影響、および社会的変化をより注視して考察するようになった。[2]本書はこうした研究動向を踏まえ、アメリカの沖縄占領期の文化政策に焦点を当てることで、東アジア国際政治情勢の変化とそれに付随するアメリカ国内の冷戦観の変容が、占領期の沖縄社会に及ぼした影響を考察し、日米の安全保障政策を中心に語られてきた戦後米沖関係史からの脱却を試みるものである。

アメリカ軍の上層部が、沖縄戦後に本土進攻を目的として基地を建設して以来、沖縄を自国の戦略的拠点として排他的に利用することを検討してきたことは、周知の通りである。この安全保障を重視する視点は、日本の政治的状況により在日基地の使用ができなくなる危険性や中国の共産化、朝鮮戦争の勃発による東アジア国際政治の緊張化によって正当化された。国務省は、日米の政治的安定性なくして在日基地を利用することは困難と認識し、沖縄の日本への早期返還を検討してきたものの、東アジアにおける国際状況の変化に伴い、軍の論理を黙認することとなった。日米の研究者は沖縄の戦略的重要性に着目し、沖縄占領を日米安全保障政策との関係性から論ずる傾向にあった[3]。しかし、宮里政玄の研究が指摘するように、「沖縄に対する政策は、アメリカのアジア政策の一環」であり、アメリカの沖縄統治を総括的に分析するには、アメリカのアジア政策と沖縄住民の反応の関連性を分析しなければならない[4]。近年の沖縄占領史研究はこのような批判を受け、占領期の社会的・文化的な側面、すなわち軍政府の社会政策や、駐留軍と沖縄の人々の記憶や経験に焦点を当てるようになっている[5]。

冷戦期の間、アメリカ文化外交政策目標は、共産主義イデオロギーの封じ込めと民主主義の理念の世界的な拡散にあった。だが、理念的な文化外交は、現実の政治、経済、軍事政策と常に調和するものではなく、肯定的なアメリカのイメージを世界に拡散する試みは、成功例よりも失敗例の方が多かった[6]。アメリカ国内の根強い人種偏見は、発展途上国の人々と現地に駐留するアメリカ人との間でも出現し、民主主義の旗手を自負するアメリカの威信を傷つけることとなった。さらに文化外交政策は、議会の予算削減、マッカーシズムの台頭という国内政治の制約を受ける場合も多かったのである。

沖縄での文化政策には、これらの問題に加え、軍用地強制徴収とその後の賠償問題や、軍事占領下での自治権の制限に対する住民の反発という障害があった。本書の目的は、この最も困難な地域を統括した琉球列島アメリカ民政府（United States Civil Administration of the Ryukyu Islands: USCAR）の文化政策の主軸であった高等教育政策を検討することである。近年の文化冷戦への関心の高まりに伴い、類似テーマの研究書が公刊され始めている。本書のテーマと関係の深いものに限っていえば、まずは山里勝己の研究が挙げられる。[7]山里はミシガン州立大学所蔵の史料を丹念に調査し、高等教育を占領統治に利用しようとするUSCAR側とそれに抵抗する琉大当局側との間に、政治的な駆け引きがあったことを明らかにした。小川忠とミレ・コイカリは、USCARの高等教育政策の歴史・思想的背景に注目し、ミシガン・ミッションの歴史的展開を考察している。[8]小川の研究は、対日心理作戦以降のアメリカの広報・文化交流政策の経緯を俯瞰しながら、そのなかでミシガン・ミッションと沖縄占領統治政策の関連性を論じている。その研究の特徴は、アメリカの広報・文化交流政策の家父長的で一方的な性質が、戦後の沖縄知識人のアイデンティティ形成に影響を及ぼし、琉大を反米抵抗運動の拠点に変えたことを明らかにした点にある。コイカリの研究は、ジェンダー研究の手法を用いて、USCARと沖縄県民の間に反映された権力関係や人種的偏見を、家政学という視点から分析している。

以上のように、ミシガン・ミッションを扱った研究は徐々に出始めているが、本書のように冷戦史の文脈からUSCARの高等教育政策を実証的に分析した研究は、皆無である。さらに本書は、次のような点を強調することで、冷戦と占領期の高等教育政策との新たな様相を明らかにする。

まず、アメリカの沖縄占領統治は、長期的な復興計画への青写真を欠いたものであり、教育政策もまた、荒廃から順調に復興する様相を喧伝する軍政府やUSCARの声明とは異なり、脱軍国主義や民主教育という名目だけの実質を伴わないものであった。特に本書は、アメリカ占領地域内での沖縄の優先順位の低さ、戦後の急速な動員解除と議会の予算削減による人材と財政の二重苦が明らかな一九五〇年代初頭までに着目することで、朝鮮戦争勃発による東アジア冷戦の進展が、基地の長期保有や反共親米を前提とした教育政策の実質的な開始時期であったとの主張を展開する。本書が冷戦を強調する理由はまた、敗戦国の占領地から同盟国の租借地への変遷で、文化・教育政策の目標を複雑化させたのが、冷戦だと理解されるからである。講和後の対沖縄教育政策は、以下の四つの目的、すなわち、一．民主主義を世界に広めるという人道目的、二．占領統治を長期化にするための沖縄の親米と離日の促進目的、三．英語力やアメリカ的価値観に精通した人材育成によるアメリカの占領負担の軽減目的、四．共産主義の拡大を防ぐための反共教育目的があったというのが本書の基本的解釈である。沖縄初の大学機構である琉球大学の設立とその後の発展は、高等教育こそが、これら四つの政策目標の要であったことを示していた。同時に政策目的の多様化は、陸軍省のみならず、ロックフェラー財団やアジア財団という著名な民間財団、ミシガン州立大学という発展途上国での大学支援計画に実績のある高等教育機関が、なぜ軍事占領下の沖縄教育政策に積極的な関与をしたのかという疑問に対する回答を提示するものであろう。

沖縄での冷戦教育政策をめぐる分析はさらに、沖縄返還問題におけるアメリカ政府内の見解の相違を明らかにするうえでも重要であろう。本書は、沖縄基地の安定的使用のため、琉米親善を目的とする文化政策が不可欠と判断されてきたアメリカ政府内のコンセンサスが、日沖の沖縄返還要求の高まりや日本の経済成長による対沖援助の増加を背景に揺らぎ、既定路線の持続を求めるＵＳＣ

ARの孤立を深めたことを明らかにする。本書はまた、USCARが沖縄返還に反対した背景には、基地使用権の問題だけでなく、親米化を目的とする教育行政権を維持する意図があったという、従来の沖縄返還交渉ではあまり指摘されてこなかった側面を明らかにするものである。

本書は、まず第1章で、沖縄戦から五〇年代初頭までのアメリカ占領初期の対沖民事活動について概観する。第2章では、対日講和後、本格化するアメリカの冷戦教育政策を通じて、USCARが進める文化戦略の全体像を明らかにする。第3章は、一九五〇年代前半のミシガン州立大学による琉球大学支援事業を通じて、琉球大学での冷戦教育に対する米沖の認識の違いについて考察する。第4章は、USCAR主体の冷戦教育政策が、一九六〇年代の日沖米をめぐる政治環境の変化に伴い、沖縄返還をもって終焉するまでの過程を検討する。最後に、以上の議論を踏まえて、沖縄占領期の冷戦教育政策を総括し、その功罪を論じる。

第１章
沖縄戦後初期統治政策の形成と変容

沖縄の民間人収容所
（写真提供：沖縄県公文書館）

はじめに

本章の目的は、戦後初期の米軍沖縄統治を、公文書館の資料と公刊された資料ならびに研究書を用いて、再考することにある。沖縄占領史研究の多くは、沖縄現代史を区分する際の指標として、沖縄戦の開始から対日講和条約の成立までの一九四五年から五二年の期間を前史、あるいは第一期と分類している。[1] この時期の沖縄に関する研究には、タイム誌の記者であったフランク・ギボニー（Frank Gibney）が「忘れられた島」と形容したように、日本の戦後復興政策から取り残された沖縄の人々の窮状を明らかにしたものが多い。[2] これらに対し、本研究はアメリカ側の視点を中心に、占領統治計画の形成と変容過程を論じる。とりわけ、本章は、民衆の窮状をアメリカ側から分析するため、占領初期の民事活動（Civil Affairs）に焦点を当てる。ただし、非戦闘員の保護を目的とするアメリカの民事活動の範囲は、「一般行政および計画、渉外活動、公衆衛生、公安、公共福祉、財政、公衆教育、労働関係、経済発展、貿易および工業、資産統制、公共事業および公共施設、公共交通および広報活動、出入国」と多岐にわたる。[3] そのため、本章では個々の活動内容ではなく、民事活動の総体的な評価に力点を置いていく。

邦語の研究蓄積に対し、英文での沖縄民事活動に関する研究は少ない。[4] さらに、初期の占領統治に関しては、アーノルド・フィッシュ（Arnold G. Fisch）の『琉球列島の軍政一九四五―一九五〇』を除いて、詳細な研究は極めて少数である[5]。だが、アメリカ陸軍の軍事史家であるフィッシュの研究は、客観的な視点から軍政府の占領政策を検討したものではなく、占領統治の問題点よりもその成果を強調したものとなっている。歴史家のドナ・アルバ（Donna Alvah）が指摘するように、アメリカの人々は、自国の軍隊を圧政からの解放軍と捉える一方で、占領軍と認識することに強い抵抗感があり、駐留軍をメディアやポピュラーカルチャーの中でも、友好的な集団として描いてきた[6]。こうした認識は、沖縄戦に関する豊富な研究蓄積が多いものの、占領に関する文献が少ない理由の一つであろう。また、沖縄占領のイメージは、こうした歴史認識の影響を受け、一九五六年に公開されたマーロン・ブランド主演の映画「八月十五夜の茶屋」（The Teahouse of the August Moon）のように、アメリカの大衆受けするものに変容してきた。むろん、映画内でのユーモラスな占領統治が虚像であることは、公開の年に島ぐるみの抵抗が勃発したことからも明らかである。本章の意義は、アメリカ側の占領史観に言及することで、米沖の歴史認識の違いを指摘することにある。

本章のもう一つの目的は、トルーマン政権の対沖縄外交と占領初期のアメリカ軍政府の占領政策の関係性を、明らかにすることにある。沖縄をめぐる外交政策は、日米関係や東アジア冷戦が沖縄の基地化を規定したように、沖縄社会の趨勢に大きな影響を与えてきた。現在までに沖縄をめぐる国際政治と占領下の経済社会問題に関して、多くの研究蓄積がある。その一方で、両者の関係性を論じる研究は少ない。近年の戦後沖縄研究の中には、学際的な手法を利用し、反米を所与とした戦後沖縄像ではなく、軍用地問題が大きな反発をもたらす五〇年代半ばまでの複雑な沖縄の政治・社会状況を指摘するものもみられる[7]。本研究は、こうした研究手法を踏まえ、初期の沖縄占領統治政策を、基地の長期保有を前提とした外交政策とその結果としての内政統治という文脈ではなく、沖縄をめぐる外交政策と内政政策の矛盾や複雑性に着目しながら、沖縄戦後初期統治政策を考察する。ゆえに、本章では、アメリカ側の占領政策に関する評価も様々であり、東アジア冷戦の深化が、長期的な占領政策に関するアメリカ国内の合意形成を可能にしたとの主張を展開する。

1　勝者の戦争史観と民事活動

一九四七年三月三日、ダグラス・マッカーサー（Douglas MacArthur）連合国最高司令官は、アメリカの報道陣の前で、「戦争で荒廃した沖縄を含む琉球諸島は、ゆっくりと通常の状態に戻りつつある」との声明を発表した[8]。大統領選出馬を望むマッカーサーは、自分の功績を国民に印象付ける機会を模索しており、沖縄の占領統治の成果を誇張する傾向があった[9]。アメリカの報道陣は、司令官の発言を鵜呑みにしたわけではないものの、沖縄占領統治の成功を国民に報道していた。例えば、ニューヨークタイムス紙の記事は「沖縄の人々は、アメリカ軍兵士達から授与された慈善的行為、すなわち教育制度の再建、就労機会、飢餓と貧困への対応に心からの感謝を示している」と論じていた[10]。現地に駐留するアメリカ軍兵士達もまた満足げに占領の経緯を各紙の特派員に語っていた。彼らの見解では、「アメリカ兵と現地の人々は明らかな友好関係」にあった。[11]

アメリカ軍にとって、沖縄占領は数多くの占領政策の中で、軍国主義から民主主義へ短期間に移行できた点で、成功例と認識されてきた。こうした評価は、南ベトナムの民主化や近年のアフガニスタン、イラクでの国家再建計画と比較すれば妥当と言える。[12]ただし、これらの占領研究は、成否の指標として、人員の配備数、財政支出額、戦争終了後の米軍の死傷者数、民主的な選挙再開までの日時などの統計的なデータに比重を置く傾向があり、個々の事例を詳細に検討していない。[13]占領軍の社会や文化政策を対象とする研究は、統計指標の開発に寄与しないものの、駐留軍と現地住民間の文化摩擦の問題を指摘し、民事活動に従事する兵士に対する現地の文化や歴史、言語などの教育活動の重要性を明らかにしている。[14]

沖縄の場合は、アメリカによる琉球諸島に関する調査や民事活動計画が、沖縄戦以前から進んでいた。アメリカ海軍は、一九四三年までに経済、政治、法律、文化人類学などの多岐にわたる専門家と極東事情に詳しい実務家を集め、日本軍撃破後の太平洋地域の占領政策研究を始めていた。この研究成果の一部が、アメリカ陸軍第一〇軍の沖縄上陸作戦後の民事活動の基本方針として、採用されたのである。[15]とりわけ、イェール大学教授のジョージ・マードック（George Murdock）を長とする文化人類学チームの研究成果である『民事ハンドブック――琉球列島』（Civil Affairs Handbook, Loochoo Islands）は、軍政に大きな影響を与えた。[16]ただし、このハンドブックは、沖縄への人種的偏見を含んだ日本本土側の史料も使用して制作したため、アメリカ軍兵士達に「未開で粗野な沖縄」という誤ったイメージを植え付けるという弊害も生んでいた[17]。

専門家の知識はまた、軍政学校での極東情勢に関する授業を通じて、陸軍と海軍将校の民事活動に役立った。一九四二年、陸軍はヴァージニア大学に軍政学校を開校し、民事活動を担当する将校の訓練を開始した。翌年、陸軍は民間大学と協定を結び、民事訓練学校の数を一〇校にまで拡大した。その内、極東地域情勢に関する民事訓練は、一九四四年のシカゴ大学を皮切りに、ハーバード大学、ミシガン大学、ノースウェスタン大学、スタンフォード大学、イェール大学の六つの大学が担っていた[18]。陸軍と並行して海軍もまた、ハーバード大学、カルフォルニア大学、ハワイ大学、コロラド大学と提携し、語学士官の育成を開始した[19]。フィッシュによれば、米軍による軍政の基本方針には、「占領は可能な限り人道的でゆるやかなものとすべし」あるいは「統治する住民の福祉を民事活動に従事する将校の目的とすべし」といった人道的な配慮が含まれていた[20]。沖縄戦時下のアメリカ陸軍第一〇軍による沖縄の人々への食糧配給や民間人収容所内での衣食住の提供は、人道的な民事活動を沖縄の人々に印象付ける出来事であった[21]。キャンディ、チョコレート、タバコといった配給品の贈与が軍の規則違反であったことに鑑みれば、米軍兵士が沖縄の人々に示した善意の全てが、打算的な行いとは言えなかった。

その一方で、沖縄の人々への救済活動は、沖縄侵攻を目的とする「アイスバーグ作戦」（Operation Iceberg）の一部であり、人道的な理念だけで説明できるものではなかった。アメリカ側は、日本軍が民間人を軍事作戦に利用する可能性を予期していた。アメリカ軍の予想では、日本軍の扇動による民衆蜂起で、軍事作戦の進行速度が遅れる危険性があった。ゆえに民間人の収容所送りは、沖縄侵攻を効率的に進めるために不可欠な措置と認識されていたのである。(22) さらに、チェスター・ニミッツ（Chester William Nimitz）太平洋艦隊司令長官の伝令は、アメリカ陸軍第一〇軍に対し、「住民の扱いは、彼らの出方次第である」と報じており、『民事ハンドブック』の記述とは矛盾した内容であった。(23) 結局のところ、戦後の沖縄の人々への対応は、沖縄戦の進捗状況に大きく左右されることになったのである。

一九四四年一〇月、アメリカ陸軍第一〇部隊司令部は、占領に必要な物資の準備を開始した。上陸部隊の内、一個師団が民間人収容所の建設に充てられた。司令部の予想では、アイスバーグ作戦の結果、アメリカ陸軍第一〇部隊が対処すべき民間人捕虜の総数は、約四五万人ほどであった。民事活動担当将校の役割は、民間人への最低限の食糧と住居の提供、日本軍兵士の収容所内への潜入ならびに破壊活動の防止、公衆衛生の維持、戦況の好転による居住地への移転など多岐にわたっていた。(24) ところが、沖縄の人々は、アメリカ軍の命令に対して従順であった。軍政府からアメリカ海軍への報告書によれば、「沖縄の人々は、当初から予想外に協力的であり、アメリカの政策に反発する気もなく」、戦争終結直後の沖縄は「サボタージュや妨害工作を疑う事例も殆どない」状況にあった。(25) 沖縄の人々は、アメリカ軍の「救済活動」、「統制」、「再移住」といった政策にも協力的であり、沖縄戦の荒廃により食糧不足が想定以上に深刻化した際には、日本軍が隠した備蓄食料の捜索にも積極的に参加したのである。(26)

実際の沖縄の民間人に対するアメリカ軍兵士の対応もまた、投降した民間人も虐殺されるという噂と大きく異なるものであった[27]。沖縄戦の生存者の中には、水や食料を提供してくれたアメリカ兵に感謝の意を表す者さえいたのである[28]。むろん、民間人殺害や婦女暴行といった戦時下に頻発する犯罪行為は、沖縄戦においても多数発生した。軍警察の報告では、アメリカ兵士と現地女性の性的関係を禁じるといった風紀に関する厳命が出ているにもかかわらず、一九四六年末までに三〇件の強姦事件が発生していた[29]。一説によれば、米軍による強姦行為は、一万件にも及んだ[30]。だが、自軍の戦争犯罪を公表する行為は、国民の強い反発を招くため、「歴史的な忘却」により、忌避されてきた[31]。歴史家のディングマンが指摘するように、凄惨な沖縄戦は、米軍と沖縄の人々に大きなトラウマを残したものの、過去に起こったことよりも未来に目を向けた者達だけが、人種を超えた友好関係を築くことができたのである[32]。アメリカ兵の中で、民事活動に協力的な沖縄の人々に好感を抱くことができたのは、未来志向の人々だけであった。

軍政における人道的原則と実際の活動の違いはまた、現場の兵士の資質だけでなく、アメリカ軍による占領計画の甘さにも起因していた[33]。一九四五年四月に沖縄に上陸したアメリカ軍は、南北に向けて進軍を開始した。司令部の予想では、人口の疎らな北部に進軍する海兵隊よりも、那覇に向かう南部に進軍する陸軍の方が、民間人への対応に迫られるはずであった。ところが、最初に民事活動への対応に追われたのは、海兵隊であった。前年一〇月の那覇大空襲を経験した人々は、人口密集地から北へと疎開していたからである。日本軍が南部に集中していたため、ほぼ無傷で北部を制圧した海兵隊は、即座に二〇万人の投降者への対応を迫られたのである[34]。アメリカ軍の対応策は、アメリカ軍は民間人収容所を建設する一方で、比較的状態の良い民家を、臨時収容施設として使用するというものであった。しかし、五人から一〇人家族の住居に五〇人も押し込んだ臨時施設は、極めて不衛生であり、疫病が蔓延した。お産を目前に控えた妊婦でさえ、不衛生な住宅に収容された[35]。アメリカ軍は、沖縄南部での戦闘が続く間、民間人の南部から北部の収容所への輸送を継続し、最終的に沖縄住民の約七五パーセントが居住地から移転することになったのである[36]。戦火の沖縄ではまた、収容施設建設よりも道路拡張や基地工事などの兵站業務の方が、軍の優先順位が高くなり、工兵部隊の人員も後者への比重が増していた[37]。一説には、沖縄戦が終結する直前には、九万五〇〇〇名以上の工兵隊、設営部隊、歩兵大隊、混成部隊が、急ピッチで焦土と化した沖縄を本土進攻作戦の前線基地に変える作業に従事していた[38]。つまり、アメリカの民事活動は、人道よりも効率が優先される状況に追い込まれたのである[39]。

2　占領統治と貧困、人種問題

軍事活動の一環であった民事活動は、一九四五年六月二三日、牛島満陸軍大将の自決による沖縄戦の終結とともに、軍政の重要な部分を占めるようになった。とりわけアメリカ軍政府が直面した最大の問題は、食糧不足であった。空爆と地上戦は沖縄の農業、漁業、畜産業に深刻な被害を与えた。アメリカ軍の統計資料によれば、家畜の九割が殺処分となり、エンジン付き漁船の七割が使用不能であった(40)。沖縄の食糧問題は、アメリカ軍が本土進攻を目的とした軍事基地建設の名目で、耕作可能な農地を徴収したため、より厳しいものとなった。ただし、当時の食糧事情には、地域差があった。沖縄本島より戦争の被害が比較的少なかった地域の食糧事情は、極めて深刻というほどではなかった(41)。反対に戦争被害が深刻な地域の収容所では、アメリカ軍からの配給として、一週間にバターだけが与えられることもあった。そのため、多くの人々が日本軍や沖縄の人々の備蓄食料を自ら発見することやアメリカ軍の配給品を掠め取ることで何とか飢えをしのいでいたのである(42)。

収容施設から住居へと戻った沖縄の人々は、一九四六年半ばの貨幣経済の復活と配給制度の有償化により、金銭を稼ぐことで生計を立てる必要に迫られた。しかし、荒廃した沖縄で職を確保することは、非常に困難であった。さらに、学校再開により、戦前と同様の職種に就くことができた教員のような場合でも、安定した生活を送れるだけの給与を得ることは難しかった。そのため、多くの人々が軍事物資の荷揚げや基地建設といった軍作業に従事することで、飢えを耐えしのいだのである(43)。アメリカ軍政府の統計によれば、一九四六年末の時点で、就労人口の一四%に当たる沖縄の男性が、軍関連の職業に従事していた(44)。

アメリカ軍政府は、報道規制をかけることで、民衆の苦難が沖縄内外に知れ渡るのを阻止しようとした。軍政府の無認可新聞や左派思想を帯びていると軍政府に判断された新聞には、発行停止処分が下された(45)。また、アメリカ報道陣向けの軍政府の声明は、順調な戦後復興活動やアメリカ軍兵士と沖縄の人々の友好関係に焦点が当てられていた。日本語を解する特派員を持たない新聞社は、沖縄社会の実態を独自に調査することが難しく、軍政府の配布資料やアメリカ軍兵士へのインタビューを参考に記事を配信していた。[46] 例えば、一九四六年一一月一九日のワシントンポスト紙は、「アメリカ陸軍の工兵は、台風で破損した軍事施設の再建にてんてこ舞い。（沖縄に）帰還した日本人が支援」と報道していた。[47] 沖縄の人々の復興活動を現地で観察したニューヨークタイムス紙の記事はやや客観的であり、沖縄の人々はアメリカの復興支援に感謝している一方で、「経済的に自立可能になったら、どうぞお帰りください」というのが、沖縄の人々の本音だろうと報じていた。[48] 一方、沖縄のメディアは、軍政府の「プレス・コード」により、アメリカ軍に批判的な記事の掲載を禁じられ、経済的苦境とは正反対の内容を報道していた。[49] 検閲下では、生活のための軍作業も、若者がタバコのような嗜好品を購入するための小遣い稼ぎの機会に変わっていた。[50] だが、沖縄の人々にとって、軍作業に従事する実際の利点は、軍の備蓄を掠め取りやすいことだけであった。[51]

軍政府が意図的にアメリカ軍と沖縄の人々の友好関係を流布した背景には、アメリカ兵士が抱く沖縄の人々に対する人種偏見を隠す狙いもあった。アメリカ政府は、冷戦の進展に伴い、国民が抱く日本人のイメージを敵国から同盟国へと操作する必要が生じていた。[52] だが、太平洋戦線で日本軍との激しい戦争を経験したアメリカ人兵士達にとって、日本人に対する敵愾心を、政治的な理由だけで払拭することは難しかった。さらに、『民事ハンドブック』の誤った記述が、アメリカ軍の人種偏見を助長していた。駐留軍の中には、沖縄の民家に置かれたシーサーを理由に、沖縄の人々を迷信深いと指摘する者や、馬や牛を引かせて農地を耕す農民をジープやトラックの性能を知らない未開の人々と揶揄する者もいたのである。[53]

人種的偏見を含んだ占領する側とされる側の関係性はまた、家父長的なアメリカ兵と従順な子供のような沖縄の人々というステレオタイプを助長することになった。軍政府は、沖縄の民主政治をスローガンに掲げる一方、自由な発言よりも沖縄の人々が軍政府の指示に従って行動することを、明らかに好んでいた。沖縄民政府知事の志喜屋孝信に対する軍政府の対応は、典型的な家父長的姿勢の現れであった。[54] 志喜屋知事は、軍の代弁者の役目を与えられ、一九四七年四月の報道陣向けの記者会見では、沖縄の民意はアメリカの庇護下での経済成長にあり、アメリカ軍の長期駐留が望ましいと軍政府の公式見解を復唱するだけであった。[55] 沖縄住民への不信感を抱くアメリカが懲罰的な対応を取ることを危惧し、アメリカとの協力関係を通じて復興を促すことが最も現実的な方法との立場を取る志喜屋は、軍政府にとって御しやすい人物であった。[56]

だが、沖縄民政府に対する軍政府の露骨な干渉は、アメリカの報道陣にも、占領統治の成果に対する信憑性に疑問を抱かせることになった。志喜屋知事の横に座し、記者からの質疑応答を遮るウィリアム・クレイグ（William H. Craig）民政副長官の行動は、沖縄の「自治へ向けた進歩」を強調する軍政府の方針とは、明らかに矛盾したものであった。[57] 軍政学校で日本語教育を受けた語学士官達が、退役後にその語学力を生かして、特派員等の職に就き始めると、軍政府の公式見解とは異なる沖縄の状況が、徐々に明らかとなった。コロラドの海軍日本語学校で教育を受けたタイム誌のギボニーは、一九四九年一一月の記事で「沖縄に駐留するアメリカ軍兵士は、他のどの地域のアメリカ軍より士気が低く、規律が悪い。その彼らが、絶望的な貧困に喘ぐ六〇万人の現地の人々を監視している」と報じ、軍政府の占領統治の失態を指摘した。とりわけ、ギボニーは「アメリカ軍のブルドーザーは、沖縄の人々が一世紀以上の時間を費やして築いた家並みをなぎ倒してしまった」と記し、沖縄の歴史文化に対する軍政府の無関心を問題視したのである[58]。ただし、若林千代によれば、ギボニーの原稿にあった駐留軍内の性病問題といった最も辛辣な部分は、記事が掲載される前、アメリカ陸軍省とタイム社編集部とのやり取りの中で、削除されていた[59]。ギボニー記事に対する陸軍省の情報操作は、検閲下にある地元紙の『うるま新報』でも行われていた。記事の占領軍に対する批判的な論調は、ギボニーの批判記事とともに、今後のアメリカ軍による「復興決意」を強調することで、弱められたのである[60]。

志喜屋孝信沖縄民政府知事（沖縄県公文書館提供）

　ギボニーのように戦時中に沖縄で民事活動に従事した将校達は、沖縄の民意を軽視する軍政府の占領政策の危険性をトルーマン（Harry S. Truman）政権に指摘していった。例えば、ギボニーと同じくボールダー海軍日本語学校出身のダニエル・カラシック（Daniel D. Karasik）は、軍政府が公衆衛生などの面で貢献したことを認める一方で、民事活動の多くは、その場しのぎの一時的な手段であり、「アメリカが恒久的に琉球に留まるなら、住居、農耕地、人口増加などの明らかに重要な問題に取り組まなければならないだろう」と警告していた。[61] カラシックはまた沖縄をアメリカの極東における「理想的な実験場」と述べ、日本や中国で同様の問題が生じた際に解決策を提示することができるため、アメリカは十分な資金を導入し、沖縄で直面している問題を解決する方が賢明であると論じていた。アメリカ政府内でも、軍政府の占領政策に対する懸念が、国務省の対日問題専門家達から生じていた。これに対し、国防総省は軍事基地の必要性を強調することで、軍政府の政策を擁護していった。沖縄占領の行方は、ワシントンの政策論争の結果次第となったのである。

3 トルーマン政権内の政治論争と沖縄の社会復興

沖縄の民衆が困窮した理由の一つには、長期的な視点に立った占領政策の青写真の欠如があった。[62] 多大な犠牲を払い沖縄戦に勝利したアメリカ陸軍は、トルーマン政権内で、いち早く沖縄の戦略的重要性を主張していた。統合参謀本部（Joint Chiefs of Staff: JCS）は、一九四五年の秋までに、「琉球諸島は、戦後アメリカの安全保障体制における主要な基地群として考慮されるべき」との判断を下し、沖縄の排他的支配の必要性を主張した[63]。対する国務省は、性急な結論を出すことを躊躇し、大西洋憲章の領土不拡大の原則と沖縄の排他的支配の法的整合性や長期間に及ぶ占領統治の経費、沖縄占領が日米関係に及ぼす影響等、多角的な視点から沖縄問題を検討していた[64]。トルーマン大統領は、ＪＣＳと国務省の間で、まさしく板挟みとなった。トルーマンはこの時の状況を「国務省の見解が、陸海軍の見解と異なることを理解した。私は両者の見解を注意深く聞き、最終的に陸軍と海軍の参謀総長が重視する基地と安全保障を支持した。しかし、国務省の主張もまた妥当な考え方だと思えた」と回顧している[65]。

沖縄統治をめぐるトルーマン政権内の論争は、ギボニーが指摘する兵士の士気の低下や戦後復興の停滞という弊害をもたらした。沖縄の軍政府は、四〇年代末に基地施設の恒久的使用が決定し、占領統治に回せる予算が大幅に増加するまで、限られた資源で沖縄の治安を維持する必要があった。例えば、連合国最高司令官総司令部（Supreme Commander for the Allied Powers: SCAP）は、一九四七年度の沖縄復興予算として、九三〇〇万ドルを試算した。しかし、議会が承認した額は、三分の一の三一〇〇万ドルであった[66]。だが、減額された復興予算は、その全額が沖縄社会の再建に使用されず、度重なる台風の被害による軍港の修繕費用に割かれていたのである。

繰り返しの修繕作業はまた、アメリカ軍の士気に悪影響を与えていた[67]。一九四六年七月、軍政府の権限が海軍から陸軍に移った背景には、台風被害をめぐる海軍内での軍港としての沖縄の利用価値に対する疑義があった。この時の権限移譲は、海軍と陸軍間での情報伝達の不備や沖縄への救援物資配送の遅延といった混乱をもたらすものであった[68]。官僚機構の意思疎通の問題に加え、急速に進む戦後の動員解除もまた沖縄統治の障害となり始めていた。終戦直後に沖縄に駐留していた一二の工兵部隊は、陸軍への権限移譲を契機に四部隊に減少した。アメリカ軍の動員解除は、全世界規模で進んでいたものの、SCAPの中で、日本本土より低い優先順位に置かれた沖縄では、社会基盤の再建を大幅に遅らせる事態となったのである。

軍政府が、一九四七年一〇月にケネス・ロイヤル（Kenneth C. Royall）陸軍長官に宛てた報告書は、占領統治の厳しい現状を伝えていた。軍政府は、「琉球」に割り当てられる予算が年々減少すると予想し、五年以内には一九四七年度の半分程度の一八〇〇万ドルにまで落ち込むとの判断を下していた。その一方で、国防総省からの軍政府に対する要求は厳しく、戦前の水準までの沖縄の復興や軍の管理下での自治政府の確立といった政策目標を課していた。報告書は、減少する復興予算を補塡するため、沖縄県内の農業生産率の向上やアメリカに輸出できる商品の開発の必要性に言及する一方で、これらの計画が失敗した場合には、一九五三年までに沖縄市民一人当たり年間二〇ドルの経費で、沖縄を統治しなければならないと結論付けていた[69]。

陸軍の上層部は、軍政府や元将校達の報告から沖縄の貧困問題の深刻さを把握していた。だが、軍事史家のニコラス・サランテイクス（Nicholas E. Sarantakes）によれば、軍事物資の運用に関する法規こそが、アメリカ陸軍の沖縄復興政策の大きな障壁であった。軍政府は琉球諸島を占領しているものの、同地が日本の領土である限り、軍事予算を社会や経済復興に関する計画に利用できなかったのである。[70] 占領地域の救済資金であるガリオア資金（Government Appropriation for Relief in Occupied Area: GARIOA）の運用にもまた規制があり、沖縄では食料や農業用の殺虫剤、肥料等の基本的生活必需品の購入が優先されたのである。ガリオア資金が、建設や工業の発展を目的とした事業に適用されるのは、東アジア冷戦の進展により、トルーマン政権が恒久的な基地使用を沖縄統治の原則に定めた一九四〇年代末からであった。[71]

アメリカの沖縄統治政策の骨子は、一九四八年一〇月の「国家安全保障会議文書一三号の二」（NSC13/2）として固まった。ＮＳＣ13／2はまた、恒久的な「基地施設」の保持だけでなく、「経済と住民の福祉」に関する長期的な計画の立案と実行を明記した文書であった。[72] ＮＳＣ13／2の土台となる報告書、政策計画室文書二八号（Policy Planning Staff 28: PPS28）を作成したジョージ・ケナン（George F. Kennan）国務省政策企画室長は、一九四八年二月に沖縄を訪問した際、沖縄の占領政策に関して「民事活動の進展は、満足できるものではない」との厳しい評価を下していた。ＰＰＳ28によれば、現状の占領統治政策は「疫病と治安を除いて、我々は彼ら（沖縄の人々）の状況を少しも改善できない」上に、「実質的な経済活動の欠如」や市民教育のための「大学の欠如」等の問題点を抱えていた。[73] ケナンの報告書はまた、密貿易といった違法行為を通じて、沖縄と日本本土との社会経済的な関係性が持続していると指摘し、その原因もまた軍政の失敗にあると論じていた。沖縄は、一九四五年四月の「ニミッツ布告」により、法律上は日本の施政権から切り離された。[74] だが、経済復興に責任を負わない軍政下の沖縄では、日本円が依然として沖縄経済に強い影響力を発揮したのである[75]。つまり、長期的な沖縄占領政策への転換とは、アメリカによる沖縄への政治経済的な負担の増加と日沖間の交流活動への規制強化を同時に伴うものであった[76]。ただし、アメリカ政府は、西側陣営に加わる日本の経済成長の重要性も理解しており、沖縄の基地建設に日本側の資本を利用する形で、日沖の経済関係を間接的に持続させたのである[77]。

一九四九年二月、アメリカによる沖縄基地の恒久的利用は、トルーマンが「国家安全保障会議文書一三号の三」（NSC13/3）を承認したことで、政府公認の政策となった[78]。東アジアの国際情勢は、NSC13／2が提出された四八年一〇月からの半年間の間に悪化した。中国内戦が、国民党軍に有利な条件で好転する見込みは、もはやなかった。トルーマン政権内では、蔣介石が中国本土に留まることはできないとの結論が出ていたのである。その間、日本への期待感は、中国内戦の絶望的な状況とは対照的に高まっていた。一九四九年六月に、ルイス・ジョンソン（Louis Johnson）国防長官の指示の下、東アジアにおける共産主義の封じ込め政策を検討した「国家安全保障会議文書四九号」（NSC49）は、アジアの戦略基地拠点となる「列島沖合地帯」を、アメリカの支配下に置く必要性を明記し、日本、沖縄、フィリピンを、その戦略拠点地帯に含んでいた[79]。翌年の朝鮮戦争の勃発は、アメリカによる沖縄基地の排他的支配権の重要性を、駄目押しする出来事であった。アメリカ議会は、一九五一年年度の沖縄支援予算として、約五〇〇〇万ドルの支出を承認した。この金額は、過去三年間の沖縄向けの助成金の総額よりも高いものであった[80]。さらにアメリカは、沖縄の軍事施設の近代化を進め、レーダードームや地対空ミサイル設置のため、二〇億ドル以上を支出した[81]。

沖縄社会の再建は、文字通り基地建設とともに本格化したのである。

4　基地建設と沖縄社会改革

一九四九年一〇月のジョセフ・シーツ（Joseph R. Sheetz）陸軍少将の軍政長官就任は、軍政府が「沖縄問題解決へ向けた初めての組織的な努力」を始める契機となった。(82)『うるま新報』は、シーツ長官との記者会見の後、新長官の印象について、「シ（ーツ）長官はあくまで沖なわの復興に努力して止まないという善意がうかがわれた」と肯定的な評価を下した。(83)「シーツ善政」と呼ばれるこの時期の軍政は、大規模な基地建設とともに沖縄の経済・社会再建を強調したものとなった。基地施設の近代化はまた、アメリカ駐留兵士の生活水準の向上をもたらした。「シーツ善政」以前のアメリカ兵士の生活環境には多くの問題があった。基地の恒久的使用が承認されるまでの軍事施設の中には、台風の被害に対して、応急措置を済ませただけの状態のものがあり、将校の住居ですら例外ではなかった。例えば、戦後に配置換えでフィリピンから沖縄配属になったウィリアム・トリプレット（William S. Triplet）大佐は、「泡瀬の住宅再建は非常に遅く、三つか四つのクォンセット・ハットが利用可能」なだけであり、住居が完成するまでの借家は「ねずみが（体を）齧る音で目が覚める」ような状態であったと回顧していた。(84)

一九五〇年一月に沖縄を訪問したオマール・ブラッドレイ（Omar N. Bradley）ＪＣＳ議長は、アメリカ駐留軍の住居地域を査察し、「住居問題を可及的速やかに解決する必要性」を感じざるを得なかった(85)。ブラッドレイはまた、劣悪な環境下にある兵士の道徳意識の低下を危惧していた。軍政府は兵士達に対し、「占領統治の成否は、民事活動に従事する将校達の働きだけでなく、沖縄に駐留する兵士個々人の振る舞い次第である」と教育していた(86)。理想的なのは、全兵士がアメリカの代表としての自覚を持ち、大使のような振る舞いを心掛けることであった。しかし、実際には、沖縄での軍紀は大いに乱れ、民間人女性との性交渉が禁止されているにもかかわらず、沖縄のアメリカ軍兵士の性病罹患率は、世界各地の駐留軍の中でも、最高値を記録していたのである(87)。

軍政府はこうした風紀の乱れに対し、軍事施設の建設を進めるとともに、駐留軍とその家族向けの住居の修繕や娯楽施設の拡張を通じて、改善を図った(88)。対する沖縄の人々は、歓楽を目的とした施設建設に対し、風紀の乱れや犯罪の増加への懸念を表明した。シーツ軍政長官は、歓楽施設とはダンスホールのように沖縄住民とアメリカ兵の社会交流の場であり、厳しい監督下にある限り、売春や性病の温床にはなり得ないと説明し、不安の軽減に努めた(89)。だが、軍政府の規律は、基地施設の外までは届かず、基地に隣接する地域の酒場やクラブでは、機能しなかった。結局、軍政府は、兵士の風紀問題と歓楽街の関係を清算できなかったのである。

大規模な基地建設は、基地周辺の歓楽街化以外にも、沖縄社会を侵食し、住民生活の一部となっていった。例えば、基地建設のため労働力を必要とする軍政府は、基地内労働の賃金を上げることで、基地経済に依存する人々の数を増加させた。基地労働者の数は、一九五二年までに六万七〇〇〇人に達したのである。[90] アメリカ側の統計によれば、一九六〇年代には軍関係の支出が、沖縄県総生産の三分の一以上を占めるまでになった。[91] さらに、軍政府による沖縄社会の変革は、文化政策にまで及んでいた。軍政府は、終戦直後から博物館の建設といった文化事業を始めていたが、五〇年代に入ると崇元寺石門のような沖縄の文化財復興を積極的に進めた。[92] こうした文化事業には、アメリカの復興支援を印象付けるという理由以外に、沖縄人のアイデンティティを強調し、日本本土との紐帯を弱めることで、日本復帰への機運を弱めるという政治的意図があった。[93]

沖縄基地の恒久的利用を公式な政策に定めたトルーマン政権内では引き続き、日本との講和条約締結後、沖縄を排他的に支配する方法について議論が続いていた。国務省の提案は、沖縄をアメリカの信託統治下に置くというものであった。対する国防総省は、沖縄の排他的支配を維持するため、講和条約締結すら「時期尚早」との立場を取った。[94] ジョンソン国防長官の意見は、朝鮮戦争が継続している中で、沖縄の基地使用に関する規約を設ける行為は危険であり、東アジア情勢の変化に伴い、沖縄基地の規模や役割も変化するというものであった。ジョンソンの反対意見はまた、日本への不信感にも基づいたものでもあり、日本が将来的に、自由世界の防衛という大義に協力的とは限らず、沖縄の基地使用権も危うくなるという論法であった。[95] マッカーサーは、講和条約が日米の関係改善やソ連の独裁的な占領統治に対するプロパガンダとして意味を持つことを認識する一方で、沖縄基地の支配権と講和を結び付けることには、反対の意を示していた。五〇年代から本格化する軍政府による沖縄の伝統や歴史を強調する文化政策の背景には、こうした軍上層部の対日不信があったのである。

5　サンフランシスコ講和と沖縄の「冷戦の島」化

一九五〇年一二月、ディーン・アチソン（Dean Acheson）国務長官は、講和条約に対する国防総省からの反対意見を受け、「琉球諸島と小笠原諸島を日本の主権下に置き、沖縄に関しては特別に配慮した軍事安全保障協定」を締結するという代替案を提示した[96]。ＪＣＳは、アチソン案に対し、「朝鮮戦争の終結まで、条約が作戦行動に関与せず、アメリカは（日本本土の）占領終結後も、琉球諸島の排他的な支配を維持する」という条件を付し、ジョン・フォスター・ダレス（John Foster Dulles）国務省顧問と吉田茂首相の交渉が国防総省の意に沿わぬ結果とならぬよう牽制したのである[97]。ダレスミッションは、アチソンが最終的に軍の意向を認めたことで、日本との沖縄の施政権交渉には応じないとの前提の下、進んでいった[98]。

一九五一年一月にダレスとの交渉を開始する四か月前から吉田首相は、外務省条約局長の西村熊雄との協議を得て、サンフランシスコ講和条約締結の準備作業を続けていた。西村ら事務当局が、最初にまとめた文書類は、「Ａ作業」と呼ばれるものであった。この一連の準備作業では、国連による信託統治を踏まえた安全保障を想定する外務省とアメリカの安全保障の傘を前提とする吉田首相との見解の相違が、明らかになった。「沖縄、小笠原、硫黄島が日本から切り離されないこと」

を前提とした外務省の「A作業」は、吉田の意向を受け、アメリカの軍事的要求を前提とした「D作業」へと修正されたのである[99]。ただし、沖縄領土に対する国民感情を考慮した吉田は、名目上の沖縄主権の確保や教育・経済といった分野での日沖の交流を持続することで、日本の沖縄への影響力を辛うじて持続させたのである。

本土の沖縄出身者の中にも、沖縄でのアメリカの文化的影響力の拡大を警戒し、日本と沖縄の文化的紐帯の維持を重視する考えがあった。戦前に在京沖縄県人会副会長を務めた大濱信泉早大教授は、ダレスへの陳情書の中で、日沖に共通した教育理念と制度の重要性を説き、その理念を具体化する策として、一．日本の教育基本法および学校教育法の沖縄への適応、二．日本と同じ教科書、教材の沖縄での使用、三．沖縄教員の日本本土への派遣、あるいはその逆に日本人教師の沖縄派遣を通じての教育研修制度の確立、四．沖縄での日本式の国立大学設置の四点を提示したのである[100]。

ダレスの返答は、「なるべく希望に沿いたい」との趣旨であったものの、その後のアメリカ軍による教育行政が、大濱の希望とは大きくかけ離れたものとなったことに鑑みれば、社交辞令的なものに過ぎなかった[101]。実際に「潜在主権」という、名目上では日本領土であった沖縄は、実質的な支配権を持つアメリカ軍の支配下で、「冷戦の島」へと変貌していった。冷戦は沖縄の基地化に加え、資本主義と共産主義のイデオロギー対決の様相を強めていった。その中で、アメリカ的な生活様式の実践もまた、軽視できない沖縄統治の議題となったのである[102]。

一九五〇年一二月、アメリカは軍政が帯びる非民主的な響きを懸念し、軍政府の名称を琉球列島アメリカ民政府（United States Civil Administration of the Ryukyu Islands: USCAR）に変更し、沖縄の近代化に乗り出した。ＵＳＣＡＲの最優先課題は、「アメリカ軍が琉球諸島およびその周辺での軍事作戦を実行、または自由世界を守るための闘いにおけるアメリカの国益を促進できる条件を整えること」であったが、この条件には、「琉球諸島の政治的、経済的安定の維持」や「琉球諸島の政治組織、経済組織、社会組織の民主的な風潮の助長」が含まれていた。[103]

ＵＳＣＡＲが、この冷戦下での民主化の促進という目的のために、最も力を入れた分野の一つは、教育分野であった。特に高等教育の確立は、沖縄復興に不可欠な専門性の高い人材育成、親米的な知識層の形成、語学力の向上によるアメリカ人と現地住民の意思疎通の促進等、安定的な長期軍政に資するところが大きかった。[104] 戦前まで高等教育施政の乏しかった沖縄は、七二年の返還までに、四三の高等学校、六つの特別支援学校、五つの短期大学、三つの総合大学を有する地域となった。[105] ただし、教育分野をはじめとする沖縄の復興政策は、戦後の動員解除から人材不足に悩むアメリカ軍だけで完遂できる規模の計画ではなかった。一九五二年の段階でも軍の民事活動報告書は、教育分野における適性人材と資材の不足を指摘し、「学校は既に定員過剰となっている上、有能な若者を日本の学校に送ることは、高額な費用のため殆どできない」と報じていたのである。[106]

結局、アメリカは「政治・経済・軍事のみならず、文化、芸術、教育、娯楽、ライフスタイルまでを含むヘゲモニーの確立」を目指す文化冷戦において、最大限の効果を発揮するため、政府機関だけでなく、民間団体まで動員し、世界の人々の親米化に努めた。[107] 人材不足のＵＳＣＡＲもまた、アメリカの民間財団や高等教育機関の支援を得ながら沖縄の親米化政策を推進したのである。アメリカ陸軍省が、一九五〇年に新設の琉球大学への支援をアメリカ教育評議会（American Council on Education: ACE）に求めたのは、沖縄の文化冷戦政策の一例であった。陸軍省はＡＣＥを通じて、琉大支援計画への参加校を公募で募り、ミシガン州立大学（Michigan State University）を冷戦教育政策のパートナーに選出した。一九五一年から一九六八年まで続く、琉大とミシガン州立大学との大学間支援事業はミシガン・ミッションと呼ばれるが、この事業にはＵＳＣＡＲの冷戦史観が強く反映されることになるのである。(108)

小括

軍政府の沖縄統治に関する声明は、戦後沖縄が荒廃から順調に復興する様相をアメリカ国民に印象付けた。しかし、軍政府の報告書や当時沖縄に駐留した人々の回顧録の記述には、報道発表とは異なる占領初期の軍政の実態が記録されていた。アメリカは、沖縄戦を開始する以前から民事活動に関する計画に従事し、民間人捕虜の扱いについて、人道的配慮の必要性を認識していた。沖縄に駐留したアメリカ兵の中には、『民事ハンドブック』の記載通り、人道的見地から民事活動に従事し、沖縄の人々と友好関係を築く者も存在した。その一方で、交戦国の市民への敵意や人種偏見を抱く兵士達と沖縄住民の遭遇は、婦女暴行や殺人といった犯罪行為や住民の意向を無視した独善的な統治を生んだのである。

ただし、沖縄の窮状は、アメリカ兵士の思想的背景のみに起因するのではなく、占領統治計画の不備に負うところが大きかった。民間人の待遇は、軍事作戦遂行を優先する戦時下だけでなく、占領中も人員不足と予算削減のため、一向に改善されなかったのである。生活の基盤を沖縄戦で失った人々の中には、アメリカ基地施設内での荷揚げや建設作業などの軍作業に従事することで、辛うじて生活の糧を得る者も多かった。さらに、占領初期の沖縄の窮状は、沖縄の人々だけでなく、駐留兵の生活からも窺い知ることができた。満足な住居も娯楽もない沖縄では、兵士の規律が乱れ、性病が蔓延する事態に陥っていた。

沖縄の復興が滞った理由にはまた、トルーマン政権内での沖縄統治をめぐる政策論争があった。JCSや国防総省が基地施設の恒久的使用を前提にアメリカの排他的な沖縄占領統治を進言する一方で、国務省は日米関係や長期占領の財政負担などの問題点を懸念したのである。一九四九年にアメリカ政府の政策方針が固まるまでの沖縄には、緊縮財政を好む議会や軍事物資の使用に関する厳格な規定等、社会経済復興を妨げる要因が存在していた。そのため軍政府内では、基地施設を維持しつつ、限られた人員と予算で占領統治を持続するための試算が行われていたのである。

中国の共産化や朝鮮戦争の勃発による東アジア国際情勢の変化は、アメリカの安全保障政策における沖縄の重要性を押し上げ、大規模な軍事施設建設を前提とした社会経済復興を実践する契機となった。日本との講和条約締結により、事実上の施政権を確立したアメリカはまた、沖縄を長期間安定的に統治するため、住民の親米化を目的とした文化政策に本格的に乗り出した。沖縄の親米化政策には、文化冷戦が本格化する時期とも重なり、USCARだけではなく、ミシガン州立大学のような高等教育機関からも支援を容易に得ることができたのである。

戦後初期から沖縄を統治してきたアメリカ陸軍は、民事活動の諸問題に関する情報を規制することで、自国民に楽観的な展望を示していた。だが、本格的な統治政策を実行するには、長期統治に関するアメリカ政府、議会、国民、そして日本政府との合意が必要であった。東アジア冷戦の深化が、それを可能としたのである。

第２章
東アジア文化冷戦と戦後沖縄教育政策

琉球大学開校式　ビートラー少将あいさつ
（写真提供：沖縄県公文書館）

はじめに

中国の共産化と朝鮮戦争の勃発による東アジア冷戦の進展は、アメリカの沖縄での戦略的価値を高めることになった。アメリカはこれ以降、沖縄を「冷戦の島」に変える政策を本格的に進めるのである。第1章で言及したように、トルーマン政権は琉球諸島の軍事施設を拡張するために一〇億ドル以上を支出した。だが、琉球諸島の再軍備化は、沖縄戦で凄惨な経験をした沖縄の人々にとって、高度な政治的配慮を必要とする問題であった。ところが、アメリカ陸軍省は、一九五五年までに沖縄の約一三パーセントの面積に当たる四万エーカー以上の土地を軍事目的に強制的に徴収する一方で、補償措置には消極的であった[1]。住民の不満は、一九五四年に陸軍省が軍用地の一括払いの方針を提示しても収まらず、代表団がアメリカ議会に陳述するまでに発展した[2]。住民の不満は、アメリカ議会が代表団の陳述を受け、沖縄視察に訪れたチャールズ・プライス（Charles Melvin Price）議員を団長とする調査団の報告書が、陸軍省の一括払い方針を容認したことを契機に大規模な抵抗運動である島ぐるみ闘争に発展したのである。

沖縄の軍事基地をめぐる問題は、占領当初から多くの学術的関心を集めてきた。その一方で、基地以外の占領政策については、研究蓄積が乏しいと言える。本章は、こうした研究の間隙を埋めることを目的として、アメリカ占領下の文化外交を中心に論じる。本章が沖縄の文化・教育政策に重点を置く理由はまた、近年の冷戦史研究の動向によるところも多い。米ソの冷戦が、直接的な軍事衝突なく終焉したという事実は、冷戦史の社会・文化的側面への関心の高まりにつながっている。近年の冷戦史研究は、軍事外交的側面に加え、一般大衆への冷戦の社会・文化的影響までを分析対象としている(3)。

社会・文化政策は、冷戦期の沖縄においてもアメリカの対沖縄政策の重要な部分を担っていた。日米の研究者による沖縄統治下における広報文化外交に関する優れた学術研究の出現は、この分野の認知度の高まりを反映している。しかし、「ソフト・パワー」の効率や効果に対する評価は、「ハード・パワー」に比べて、明確な判断基準が乏しく、依然として難しい。文化政策に懐疑的な見解は、人々がアメリカの消費文化を嗜好した場合でも、それによりアメリカの対外政策への肯定的な評価に結び付くわけではないというものであろう(4)。沖縄でのアメリカ文化政策を評価する場合は、米軍基地問題や基地関係者による事件や犯罪等の歴史的背景に鑑みて、より厳しくなる傾向がある。実際に沖縄における親米化促進政策は、一九七二年の沖縄返還により、失敗に終わったとみる見解も多い(5)。その一方で、一部のアメリカ軍事史家は、占領の最重要目的が民主主義の定着であり、沖縄社会が民主化したことにより、米沖の文化的軋轢よりも受容を強調している(6)。両方の見解は、沖縄社会における民主主義や資本主義の受容とアメリカ文化の関係性をともに認めながら、アメリカ文化政策の評価に対し、正反対の結論に達している。

しかし、本章が目指しているものは、アメリカ文化の受容と拒絶という対立軸からアメリカ陸軍省主導の沖縄文化政策を論ずることではなく、アメリカの沖縄での文化政策が、東アジア冷戦の進展により複雑化したことを明らかにすることにある。本章では、敗戦国の占領地域から冷戦期の同盟国の租借地への変遷で生じた文化政策の四つの目的、すなわち、一．民主主義を世界に広めるという人道目的、二．占領統治を長期化にするための沖縄の親米あるいは離日目的、三．英語力やアメリカ的価値観に精通した人材育成による軍政府の占領負担の軽減目的、四．共産主義の拡大を防ぐための反共教育目的に着目し、占領初期から五〇年代後半までの文化政策の変容過程を考察する。とりわけ、本章が着目するのは、米琉双方が戦後の民主化の象徴として最重要視した文化教育分野である。優秀な人材の教育育成は、沖縄の人々にとっては戦後復興のため、陸軍省にとっては占領統治のため喫緊の課題であった。

本章では、軍の政策を妨げない範囲での民主主義という抑圧的なＵＳＣＡＲの政策に対する沖縄住民の不満に反共教育というさらなる制約が加わった結果、親米化を目的とする文化冷戦が住民の反米化を促したとの主張を展開する。つまり、ＵＳＣＡＲの教育政策には、民主主義教育や米琉親善といった人道的側面よりも、占領統治と反共政策という側面の方が強く表れたというのが、本章の基本的解釈である。

1　冷戦と沖縄文化政策

冷戦期の間、アメリカ文化外交の政策目標は、共産主義イデオロギーの封じ込めと民主主義の理念の世界的な拡散にあった。ダレス講和使節団の一員として訪日し、アメリカの対日文化政策に対する戦後最初の包括的な報告書を一九五一年四月に提出したジョン・D・ロックフェラー三世（John D. Rockefeller 3rd）は、共産主義の脅威を軽減し民主化を促進する日米文化交流の三つの目標として、「日米両国の国民が互いに理解を深め、相手国の生活様式を評価することで、両国の関係を緊密にすること。文化交流を通してそれぞれの国の文化を豊かにすること。共通の問題を解決するために日米両国がお互いに助け合うこと」を掲げていた。[7]だが、多くの研究者が指摘するように、現実の政治、経済、軍事政策と理念的な文化外交は、常に調和するものではなかった。外交史家のジャスティン・ハート（Justin Hart）によれば、肯定的なイメージを世界に拡散するアメリカの試みは、成功例よりも失敗例の方が多かった。[8]アメリカ国内の根強い人種偏見は、発展途上国の人々と現地に駐留するアメリカ人との間でも出現し、民主主義の旗手を自負するアメリカの威信を傷つけることとなった。さらに文化外交政策は、議会の予算削減、党派対立、マッカーシズムの台頭等、国内政治の制約を受ける場合も多かったのである。

冷戦期の文化外交政策には、これら多くの障害がある一方で、反共という冷戦コンセンサスの下、多数の政府機関と民間団体からの支援が寄せられていた。国外でのイメージ戦略に携わった政府機関は多数存在し、国務省や国務省から一九五三年に独立したアメリカ広報文化交流局（United States Information Agency: USIA）、国防総省、教育省、農務省、アメリカ国際開発庁（United States Agency for International Development: USAID）、さらには中央情報局（Central Intelligence Agency: CIA）にまで及ぶ。非政府団体では、ロックフェラー財団やフルブライト協会、さらには、多数の大学機関も文化外交政策への協力を惜しまなかった。[9] 冷戦期の広報・文化政策分野では、USIAや平和部隊（Peace Corps）の活動に対して、親善的な異文化交流や開発支援ボランティアのような印象が集まり、比較的高い評価が集まるのに対し、国防総省やCIAの関与する活動には、反米団体への誹謗中傷宣伝工作やアメリカの軍事外交活動に対する世論操作など陰湿な印象が強く、否定的な評価が多い。[10]

アメリカ統治下の沖縄では、USCARが、広報と文化政策に最も携わった機関であった。[11] USCARの文化政策に対する沖縄の人々の印象は、基地政策容認を目的とした広報活動に加え、住民に対する人種偏見や経済社会的差別を含む文化交流といった問題点に集中してきた。[12] 民主化や自治の促進といったスローガンとは対照的に「絶対的な道徳的優位性」を保持し、検閲により表現の自由まで制限された沖縄では、住民が「親善」や「友好」を標榜するUSCARの文化活動を偽善と判断するのも当然であった。[13] 沖縄側の視点では、USCARの文化政策はまた、島ぐるみ闘争や沖縄復帰運動と関連付けて論じられ、占領統治の終結を、すなわち文化政策の失敗と結論付ける見解も多い。

対するUSCARは、基地政策や人種偏見よりも沖縄社会の近代化や民主化を題材に文化政策の成果を強調していた[14]。USCARから見れば、文化政策と沖縄の占領統治の間に関連性は少なく、政治的な視点ではなく、経済援助等を中心に琉米の親善を論じる傾向が強い。例外は、反共喧伝活動であった。USCARは、放送、新聞、広報を通じて、民主主義に対する共産主義の脅威を沖縄の人々に対し、積極的に宣伝していた。さらに、アメリカは冷戦期を通じて、民主化の促進を名目に反米左派団体に対するネガティブキャンペーンへの資金提供や体制転覆を目的とする秘密作戦を世界各国で行っていた[15]。沖縄の場合、USCARは共産主義者による扇動との名目で、反米と左派集団の政治活動を制限した。占領統治下の沖縄で最も悪名高い政治弾圧行為は、一九五七年に民主的な選挙で市民が選出した瀬長亀次郎那覇市長を、USCARが選挙法違反の名目で、当選無効とした事件であった[16]。沖縄の人々が民主主義の弾圧と捉える瀬長事件をジェームス・ムーア（James E. Moore）高等弁務官は、「我々（アメリカ）は共産主義に寛容ではないし、スパイは街灯柱に吊される」と述べ、共産主義の脅威に対する民主主義の勝利と認識したのである[17]。

米沖の文化政策に対する認識が大きく異なる理由の一つは、こうした反共産主義に対する見解の違いがあった。米沖はともに民主主義の定着のため、経済と社会発展の必要性を認識していた。軍政府の民事活動報告は、「軍政府にとって（琉球）諸島の社会的、経済的、政治的な復興を積極的かつ実質的に促進する利便性と重要性」を指摘していた[18]。しかし、第1章で論じたように占領初期の民事活動には、財政と人材的な制限があり、長期的な青写真が、欠落していた。東アジア冷戦の深化は、教育文化政策の予算拡大につながる一方で、共産主義の脅威の名目で民主主義の理念が弾圧される状況を生み出したのである。

ただし、沖縄の文化政策に携わった全ての者が、冷戦イデオロギーだけを行動原理としたわけではなかった。教育文化政策は、経済と社会成長のための資源を欠いた軍政府にとって、比較的少ない資源で民主化と沖縄の親米化を促進できる領域であった。実際に沖縄民政府の一員としてアメリカ人将校と民事活動に従事した沖縄人の中には、占領初期のアメリカの文化政策に一定の評価を与える者もいた。例えば、沖縄民政府の文教部長を務めた川平朝申は、知識人や大学教授などの教養の高い将校は、教育や文化がいかに沖縄の将来にとって重要であったか理解していたと回顧している。[19]『民事ハンドブック』作成の中心人物であったイェール大学教授のジョージ・マードック、スタンフォード大学教授のジェームス・ワトキンス（James T. Watkins）や東南アジア研究者であったウィラード・ハンナ（Willard A. Hanna）らは、川平が指摘するようにアメリカ軍兵士相手に沖縄文化を紹介することで、米沖の無用な軋轢を減らすことに尽力していた。ワトキンスとハンナはまた、沖縄戦下で紛失した書物の回収作業も行い、何点かの貴重書を防空壕から発掘していた。[20]こうした活動は、戦後の沖縄教育再建の一助になった。だが、ワトキンスやハンナの行動は、軍政府の全面的な支援の下に行われたものではなかった。当時の文化活動の実態は、沖縄民政府の文化部や文教部が主体となり、そこにワトキンスやハンナが、現地の歴史文化に対する学術的関心から協力する形となったのである。民事活動に従事した将校の中には、文化外交の重要性を理解せず、文化財の破壊に従事する者や貴重書をトイレットペーパーの代用品とする者もいた。このような異文化への配慮を欠いた行為が、沖縄の人々のアメリカに対する心象に悪影響を与えたのは明らかであった。文化冷戦の重要性が高まる中、米琉親善の促進には個々のアメリカ兵が「政府の代表者」としての認識を有し、その理念に即した振る舞いが必要だった[21]。だが、占領初期から教育文化政策に係る兵士達の多くには、こうした認識が欠けていたのである。

2　軍政府下の教育復興政策と占領統治

戦後沖縄の教育復興には、多くの困難が伴った。当初、軍政府は戦前の道徳教育の影響力に鑑み、学校の再開が、「アメリカの国益に反する行為に利用される」との見解を有していた[22]。『民事ハンドブック』は、国家主義的教育を詳細に論じており、琉球諸島における文部省の影響力を言明していた[23]。そのため、民間人収容所内で破壊活動どころか極めて従順な沖縄の人々に接したアメリカ軍兵士は、『民事ハンドブック』の記述との違いに大いに戸惑うこととなったのである。

反米活動への警戒を解いた軍政府は、沖縄戦下の一九四五年五月、石川の民間人収容所内で初等学校を再開した。戦時中から再開された教育は、沖縄の復興に向けた第一歩であった。しかし、収容所内での初等教育の再開には、軍事作戦の障害とならぬよう、子供達を一定の場所に留めるには学校が最適であるとの考慮もあった[24]。さらに、強制収容所内で、しかも軍事作戦遂行の障害を防ぐという理由で再開した学校には、明確な教育方針がなく、正規の教職員さえ不在であった。再開された学校の中には、戦火を免れた状態の良い施設も存在した[25]。だが、多くの生徒は、学校施設の倒壊や破損により、青空教室で授業を受けることになったのである。筆記用具や紙の不足もまた教師と生徒を悩ます問題であった。そのため、沖縄の人々は、収容所内のアメリカ軍兵士からこれらの備品を借用し、授業に臨んだのである。こうした状況は、占領軍の教育活動に対する関心の低さを示していた。いわば、戦時中の教育政策の実態は、民主化の促進よりも「人心の安定」や「社会秩序」を維持するための便宜的なものだったのである[26]。

戦争の終結は、民主主義の定着を目的とした教育政策を開始する前提条件であった。文教部では、戦前教育の反省を踏まえ、「偏狭な思想を排し、人類愛に燃え、新沖縄建設に邁進する積極的進取の気魄と高邁なる理想を与える」ことが根本方針に掲げられ、観念教育ではなく、アメリカ的な生活に重きを置く教育理念が強調されていった[27]。民主教育の理念はまた、一九四八年の宮古島教育基本法、四九年の八重山教育基本法、五一年の沖縄群島教育基本条例の形で明文化された。これらの教育基本法規は、沖縄の人々を日本国民と断定する「日本国憲法」や「国」、「国民」という語句を用いない一方で、「民主的で文化的な社会」や「世界の平和と人類の福祉」といった文言を用い、日本の教育基本法を殆ど模したものであった[28]。しかし、教育理念と実践には大きな隔たりがあった。軍政府の喫緊の課題は、教科書問題であった。殆どの学校では教科書が足りず、教師だけが戦前の教科書を用いながら、軍政府が許可した項目と指針に沿って授業を進めていた[29]。とりわけ、軍政府は軍国主義や天皇崇拝を連想させる項目や軍政府への批判につながる題材には厳しい検閲を行った。軍政府時代の学校教育の実態は、沖縄独自の教科書が編纂されるまで、戦前の教材に戦後の民主主義理念を継ぎ足した状況下にあったのである[30]。

東恩納で始まった新しい教科書編纂作業は、戦前の教育思想との断絶を印象付ける出来事であった。だが、編纂に協力した沖縄の教育者達は、民主化への期待感より戦後教育が占領政策に従属することへの警戒感を強めていった。戦前の教育思想への回帰を禁止するための検閲は、次第に離日教育の様相を帯びていったのである。例えば、軍政府の戦前教育に対する批判は、教科書の内容だけでなく、「国語」や「読み方」といった戦前の科目名を使用することにまで拡がっていた[31]。教科書の内容もまた、フィリピンに移住した沖縄の人々の物語など沖縄と日本以外の諸外国との文化歴史的つながりを想起するものが、含まれていったのである[32]。

アメリカ陸軍省は戦時中より日本と沖縄の文化的違いに着目しており、アメリカ政府が沖縄の長期保有を決定する以前から、「日本本土との政治的、社会的、経済的な繋がりの弱体化」を統治政策の目標としていた[33]。そのため、陸軍省は、沖縄の帰属問題が決まる以前から、本土との文化的なつながりも排除することをトルーマン政権に推奨し、離日を目的とした文化活動を行っていた[34]。沖縄統治の最高責任者たるマッカーサーも同様に日本と沖縄の紐帯を懸念し、一九四七年には「沖縄は日本とは違った特殊な立場にあるから、その教育もまた日本のそれと違った特殊な立場においてなされるべき」との声明を公表したのである。[35] さらに、連合国総司令部は、一九四九年六月、「琉球を人種と社会的に独立的な集団とみなす方針」を強化するよう軍政府に要請した。総司令部からの指令には、琉球諸島を経済、文化、人種、社会的に一つにまとめるため、「伝統美術、音楽、舞踊やスポーツなどの大会」の開催や「成人教育を含めた総合的な教育制度のための施設や教材」の開発といった項目を、重点的に行うことが明記されていたのである。[36]

教育政策と占領統治の関係性は、英語教育の分野にも反映されていた。軍政府は、住民との円滑なコミュニケーションの必要性を説き、英語を重視する方針を明らかにしたのである。軍政府の英語教育は徹底しており、小学校の段階から英語を必修科目に選定するなど幼年期の言語教育の強化に加え、英語力の高い教師や通訳に対し、五〜一〇パーセント増しの給与を与えることで、成人の英語学習意欲も刺激した。通訳や翻訳の専門家の育成では、一九四六年九月に設立された沖縄文教学校外語部（後に沖縄外国語学校）が、その役割を担ったのである。[37]

アメリカ占領統治に関する多くの研究が指摘するように、占領者の言語習得は、植民地化を暗喩する行為であった。[38] フィリピンの事例からも明らかなように、アメリカは、占領統治の際に現地の言語を学ぶ意欲が低く、被占領者に対して、英語の母国語化やあるいはバイリンガル教育を強いてきた。アメリカにとって、住民の英語習得度はまた、占領地の近代化を図る目安であり、民主化を証明する場合に用いられることもあったのである。沖縄の中でも、軍政府の英語普及の措置を単なる外国語教育でなく、長期占領のための「第二公用語」計画と認識する見解があった。[39]

対する軍政府は、英語教育と沖縄の植民地化の関連性を否定し、その根拠として英語の公用化に必要なバイリンガル人材の不足を挙げていた[40]。確かに軍政府の中で、日本語を解する者は、語学士官と日系兵士だけであった。駐留兵の大半は、日本語を全く解せず、沖縄の人々との簡単な会話すら困難な状況にあった[41]。そのため、軍政府の見解では、アメリカ軍将校を教育係として用いる沖縄の英語公用化計画は直ぐに頓挫し、沖縄の伝統と文化を重視する教育方針をより明確に打ち出していた。ただし、沖縄の伝統文化の尊重というスローガンには、離日的な要素が含まれていた。アメリカ軍による琉球大学での日本語カリキュラムの除外や日本語学科開設廃止要求からは、言語教育と占領統治政策の複雑な関係性を垣間見ることができた[42]。さらに、軍政府の沖縄の人々向けの英語教育に対する関心は、駐留兵の日本語教育よりも遥かに高く、英語初等教育に限れば、一九五七年まで続けていた[43]。アメリカ陸軍省はまた、一九四九年からは優秀な沖縄の学生に奨学金を支給し、アメリカの大学や大学院に留学させる制度を開始した。この制度は、冷戦期にアメリカが世界各地で行った親米的なエリート層を養成する文化政策と同様のものであった[44]。ＵＳＣＡＲにはまた、『今日の琉球』や『守礼の光』等の広報雑誌にアメリカ社会に感銘を受けた留学生の体験記を掲載することで、アメリカ留学の効果を沖縄の一般大衆にまで波及させる意図があった。体験記には、物質的に豊かなアメリカ社会の姿だけでなく、「文化の多様性」や「政治的自由」、「機会の平等」が保障された理想的なアメリカ像が、鮮明に記されていたのである[45]。

ＵＳＣＡＲはアメリカ留学の基準として、従来は英語力や政治思想等を重視したものの、沖縄での政治的な影響力が強い人物の渡米などの際には、特別措置を取ることもあった。例えばUSCARは、琉球大学財団の理事長である護得久朝章が大学行政を研修する際、彼の英語力不足の問題により、従来の留学制度が利用できなかったため、ロックフェラー財団に財政援助を打診した。USCARの教育部長であったヘンリー・ディフェンダーファー（Henry E. Deffendefer）は、護得久の政治的な影響力を強調し、財団から専属の通訳付きでの渡米費用を得ることに成功した。[46] ディフェンダーファーが護得久の渡米を強く薦めた背景には、護得久に政界進出を促し、親米的な政治家を増やすという意図があったのである。英語教育には、植民地化のための公用語化と親米化や民主化を促進する文化冷戦の手段という二重の用途があり、東アジア冷戦の深化に伴い、次第に後者の比重が増えたのである。

3　文化冷戦と琉球大学

「潜在主権」の名目で、沖縄を排他的に占領したUSCARには、基地施設の拡大と基地社会の建設以外に、沖縄のアメリカ化の促進という文化冷戦上の義務が生じていた。[47] 沖縄で広報宣伝活動を行った民間情報教育局（Civil Information and Education: CIE）は、一九四〇年代末までにガリオア資金を利用して、図書館や劇場、放送局や新聞社などの文化活動に関する施設の再建を開始した。[48] 一九五〇年代に入るとUSCARの情報・教育政策はさらに拡張した。米琉文化センターが、那覇、名護、石川、奄美大島、宮古島、八重山諸島の計六か所に設置され、CIEの広報活動の一つの柱となったのである。[49]

沖縄での広報文化活動にはまた、住民の反共感情を高めることで、基地保有の正当性を高め、中ソのプロパガンダが非難する軍事占領と民主主義理念との矛盾に折り合いをつける意図もあった。植民地支配との批判を否定するには、沖縄の人々がアメリカの支援を受け、アメリカ的生活を謳歌する様子を世界に提示することが最適であった。[50] 実際にプロパガンダ活動に携わった沖縄の人々は、USCARから「アメリカ行政下での経済文化発展を強調する」ことを促されていた。[51] 琉球大学の創設もまた、こうした沖縄の人々を反共親米志向に誘導する試みの一つである、エリート層を対象にした最重要課題であった。

ただし、琉球大学の構想自体は、戦前にまで遡るものであり、占領や冷戦とは元来関係のないものであった。アメリカとの戦争が始まる一九三九年には、後の沖縄民政府知事である志喜屋孝信と後の沖縄民政府文教部長である山城篤男が、日本帝国政府に大学設置を嘆願していた。この時の嘆願は、戦時下という状況もあり棄却されたものの、沖縄での高等教育を望む現地の教職員の熱意を表す出来事であった。人々の高等教育に対する期待は、太平洋戦争の終結とともに高まった。一九四七年には沖縄の高校生達が自主的に大学設立を目的とした募金活動を行い、八万五五七五円を軍政府に寄付していた。ハワイの沖縄県民会でも、大学建設のためのロビー活動が積極的に行われたのである。[52]

軍政府による琉球大学設立に向けた動きは、一九四七年に軍政府の文教部長であったスチュワート少佐なる人物が極東軍総司令部（Far East Command: FECOM）に大学建設計画を打診したことから始まった。[53]翌年、ＦＥＣＯＭは大学設立を認可し、同年にＣＩＥの局長に就任したアーサー・ミード（Arthur E. Mead）を琉球大学建設の担当者に任命したのである。琉球大学の建設地は、同年一二月に沖縄を視察したジョン・ウェッカリング（John H. Weckerling）准将が、「琉球の政治と教育に縁の深いところであることに着目し、大学を設立するのにふさわしい場所」と述べた首里城跡地となった。[54]ミードとともに琉大の選定作業に従事した山城篤男は、軍政府側が慣れ親しんだ沖縄の名を冠する「沖縄大学」ではなく、日本との歴史的関わりが深くなる前の意味合いがある「琉球」という名称を進めることに違和感を抱いたと回顧している。[55]一九四七年のマッカーサー発言からも明らかなように離日教育を進めてきた軍政府が、アメリカ政府の正式方針として沖縄の長期保有が決定した四九年頃から大学教育を本格的に政治利用したのは明らかであった。

琉球大学とアメリカ文化政策の複雑な関係性は、その他の事例からも窺うことができた。例えば、琉球大学のパンフレットには、琉球大学の設立までの経緯に関して、「琉球内外の心の温かくかつ貴重なアメリカからの支援と共に、我々〔琉球〕の夢がとうとう実現した」との記述があり、アメリカの支援が強調されていた。さらにこのパンフレットは、大学教職員ならびに学生達が「琉球本来の文化と海外からの新しい文化を上手にとりいれて、民族の誇りとなるような琉球独自の文化を創り出し、首里を再び琉球文化の中心地とすること」に情熱を傾けたと指摘し、沖縄とアメリカの紐帯を自明のものとして捉えていた。[56]
　ただし、USCARの教育復興支援の実像は、プロパガンダの内容とは大きく異なっていた。USCARの布告第三号が記す「大学は琉球列島の成人に占領軍の政策に反せざる限り、言論、集会、請願、宗教、出版の目的をふくむ民主国の自由を促進し、一般情報教育に関する事項を普及する」との文言は、住民の民主教育に対する期待に沿うものではなく、冷戦下の教育や文化政策の重要性を理解するアメリカ人将校の中からも懐疑的な意見が挙がっていた。[57] 陸軍の情報部将校であったジェームス・タル（James N. Tull）によれば、USCARの文化政策の問題点は、「沖縄の歴史、社会、文化に対する知識不足」、「明確で一貫した政策の欠如」、「有能な将校の不足」、「長期占領による弛み」による非効率性にあった。[58] ワトキンスもまた、陸軍省の文化政策に対し、住民の教育への熱意を民主化の促進に利用せず、「敵地での作戦行動を続けているようだ」と厳しい評価を下していた。[59] ワトキンスによれば、「教育は依然として琉球の社会的価値観で最上位」を占めており、「七年間の占領統治の後でも、アメリカが十分な学校教育を提供できないという失態は、沖縄と日本でのアメリカの威信を著しく下げる」事態を招く危険性を帯びていたのである。[60]
　ワトキンスの懸念は、正鵠を射ていた。アメリカ陸軍による学校再建の速度は緩慢であった。一九五〇年五月の段階で、六〇〇ある校舎の内、十分な耐久性のあるものは、約一〇〇校程度であった。[61] 沖縄返還運動を牽引し、返還後には県知事を務めた屋良朝苗が、教育復興に本腰を入れない軍政府に失望し、校舎再建の資金集めに訪れた本土の復興過程を目の当たりにし、沖縄の日本返還の必要性を確信したのは有名な話である。[62] つまり、ＵＳＣＡＲの広報文化政策が、さしたる効果を生まない原因は、多くの兵士が占領統治における米琉親善の重要性を理解していないためであった。

興味深いのは、ＵＳＣＡＲの中でも沖縄で広報文化活動を担ったＣＩＥが、文化活動を軽視するアメリカ兵の問題を認識していたことである。ミードによれば、米琉親善の大義は、アメリカ兵の根強い人種偏見によって阻害されていた。[63] 沖縄の人々は、アメリカが考える以上に人種差別に敏感であった。例えば、英語を解さない沖縄の人々は、米兵が沖縄の人々への呼名として使う「グーク」がアジア人への蔑称とは理解できなくとも、差別的な言葉であると理解していたのである。[64] これらの指摘は、民主化や親米化の促進という文化教育政策の理念的目的よりも、現地の専門家育成による占領統治の負担軽減や長期占領のための離日政策といった現実的な目的の方が、アメリカ側の大学設立の主たる要因であったとする見解の正当性を裏付けるものであった。

教育政策に関わる米琉の軋轢は、東アジア冷戦の深化により、ＵＳＣＡＲが反共教育を強固に推し進めることで一層高まった。琉球大学学長を務めた安里源秀は、アメリカの教育政策が朝鮮戦争以降、明らかに沖縄永久占領を目的としたものに変化したと証言している。[65] 実際にＵＳＣＡＲの高官達は、大学教育を冷戦政策に利用する意図を隠そうともせず、一九五一年二月一二日の琉球大学開学式以降、琉球大学の役目の一つが反共の砦となることだと言明していた。[66] ＵＳＣＡＲはまた、大学理事の裁量権や大学財政権を掌握することで、琉大を自身の管理下に置き、元来の琉米親善や民主教育とは大きくかけ離れた文化教育政策を推進していった。理事会は、名目的には琉大の管理経営の責任を負う機関ではあったが、大学総長や副総長、事務長、各学部長の任命や大学条例の制定には、ＵＳＣＡＲ民政官の許可が必要であった[67]。また、琉大の財政は軍政府が創設した琉球大学財団により管理されていた[68]。大学の歳入にはＵＳＣＡＲからの補助金と琉球政府の税収支出に加え、フォード財団、ロックフェラー財団、アジア財団といったアメリカの民間団体からの助成金もあった[69]。その内、大学財政に関するＵＳＣＡＲからの補助金による影響力は、琉球政府の税収入による支出の増加に伴い減少していった。県内からは、大学歳入における税負担の増加に伴い、琉大の管轄権の琉球政府への移譲を求める声が高まった。しかし、ＵＳＣＡＲは琉大の自治権拡大には強い抵抗を示したのである。反共の闘士であり、またその威圧的な態度から沖縄の教育関係者達から忌避されたディフェンダーファーは、「我々（ＵＳＣＡＲ）は沖縄の人々に権限を譲渡する気はない」と言明し、琉球政府と自治権拡大に向けた交渉を拒んだのである[70]。

琉大校内を案内する安里源秀学長（左から２番目）とブース高等弁務官（沖縄県公文書館提供）

ディフェンダーファーは、家父長的なアメリカの教育政策の象徴的な存在として、沖縄の人々に認知されていた。一九五六年の反米デモに参加した学生の中には、「ヤンキー・ゴー・ホーム」と叫んだのは、「ディフェンダーファー・ゴー・ホーム」のつもりで叫んだ者もいた。[71] だが、アイゼンハワー(Dwight D. Eisenhower)政権内では、国務省をはじめとしてUSCARの教育文化政策に対する評価は低く、軍用地問題をめぐり沖縄住民との軋轢が高まる中、民意に配慮した措置もUSCARに求めていたのである。

4　USCAR、アイゼンハワー政権と琉球大学

沖縄の統治政策における反共イデオロギーの影響力は、トルーマン政権期から明らかだったものの、ソ連の「平和攻勢」への対応を迫られたアイゼンハワー政権下ではより強力となった。アイゼンハワーは、大統領選挙期間中から中ソのプロパガンダに対するアメリカの脆弱性を指摘しており、グローバル冷戦における広報・文化政策の必要性を言明していた。[72] 新政権の方針は、沖縄の文化政策にも反映されていた。アイゼンハワーが、一九五七年六月の大統領行政命令の中で、基地の施政権だけでなく、「民主主義の原則に基づいた効率的かつ責任ある政府の成長促進」や「琉球諸島の住民の福祉の増進と経済的および文化的向上の促進」を言明したのは、沖縄統治に対する批判への配慮であった。[73] だが、アイゼンハワー政権が沖縄で文化外交を遂行する上での問題は、USCARの占領政策が軍事安全保障分野に偏重し、住民心理への配慮が足りない点にあった。大統領が行政

命令を公布した同月、チャールズ・ゲイリー（Charles K. Gailey）陸軍少将は、下院歳出委員会の場で、沖縄の戦略的重要性を強調する一方で、経済援助に関しては、琉球の人々への「最低限の財政的援助」が必要と控えめな発言を行った。さらにゲイリーは、経済援助の重要性を人道的見地ではなく、冷戦的思考から説明し、「アジアの共産主義者が（琉球）諸島の社会・経済状況を絶え間なく調査し、アメリカの基地の存在を非難する機会を窺っているため」と報告したのである[74]。

アイゼンハワー大統領は、一九五四年の大統領一般教書演説で、「沖縄の米基地を恒久的に維持する」ことを言明したように沖縄基地の重要性については、陸軍省と同様の見解を有していた。その一方で、アメリカの長期占領が、住民との摩擦を生む危険性を認識していた大統領は、住民の民意を軽視した占領政策に対し、明らかに警戒感を募らせていた。国務省もまた、USCARの占領統治の問題点を認識していた。国務省から見れば、USCARや国防総省の高官達が、沖縄統治期間について、四〇年から五〇年は維持するといった政府の公式見解ではない「無責任な発言」を繰り返すだけでも、米沖の軋轢は深まっていた。ダレス国務長官の憂いも深まり、一九五八年四月の大統領との電話会談で、「軍の人々は、沖縄の人々に対する行政権の日本返還促進計画に、三年から五年以内に取りかかるべき」と述べるほどであった[75]。

対するUSCARは、占領統治の失敗の原因を、自分達の失策ではなく、共産主義勢力のプロパガンダ攻勢の影響によるものだと判断していた[76]。USCARの反共ヒステリーは、琉大の「マルクス主義研究会」のような革命思想を明言し、学生運動を扇動する過激派だけでなく、軍用地問題や沖縄返還運動に関与する全ての団体に向けられていた。[77] USCARの学生達への不信感はまた、学生を指導する側の教職員達と共産主義勢力との疑惑につながっていた。一九五四年、ディビット・オグデン（David Ogden）民政副長官が沖縄教職員会に対し、共産主義のスパイ活動を支援していると名指しで批判したことは、USCARの根強い反共ヒステリーを示していた。[78] USCARの報告書によれば、沖縄教職員会は、生徒の学力向上よりも、「組合員の賃上げと待遇改善」に執着する労働団体であった。[79] 確かに沖縄復帰運動を牽引した沖縄教職員会は、賃金引き上げなど労働条件改善を求め、左派的な労働運動にも従事していた。[80] しかし、賃上げ問題は、多くの教師の窮状に鑑みれば、過大な要求とは言えなかった。統計によれば、一九五〇年までに一五六八名の教員が低賃金を理由に教職を辞め、軍港での荷揚げといった厳しい肉体労働で生計を立てていた。[81] さらに、沖縄の教職員達が基地反対運動や沖縄返還運動に積極的に関与した背景には、一九五九年六月の宮森小学校米軍機墜落事故に代表されるような児童生徒が犠牲になる惨事の多発があり、共産主義イデオロギーとの関わりは希薄であった。[82]

だが、陸軍省の沖縄教職員会への不信感は、USCARにアメリカ式教育の普及を早急に琉球大学で実践する必要性を高めていた。陸軍省は共産主義の拡散を防ぐため、沖縄の政治経済的安定を第一に考え、琉大を高度な学術的探究に特化した「アイビー・タワー」型の大学ではなく、地域社会への奉仕を信条とする「ランドグラント」型の大学として発展させる意図を有していた。[83] ランドグラント大学とは、一八六二年と一八九〇年のモリル法（Morrill Act）の適用を受けた大学の総称である。モリル法の目的は、アメリカ社会の近代化に伴う農業や工業教育への需要に応えるため、労働者階級の子弟向けの実学的な教育を行う州立大学を支援育成することにあった[84]。いわば、ランドグラント大学とは、地域のニーズに沿った教育を地域社会や大衆に施すことを目的に設立され、公有地を無償で提供される代わりに、研究の成果を地域の教育に還元しようとするものであった[85]。ただし、ランドグラント大学が掲げるアメリカ市民のための教育という概念は、元来、「自立的で自由な教養ある市民からなるアメリカ政治経済システム」という政治信条の上に成り立つものであり、アメリカ的近代化を象徴するものであった[86]。ランドグラント大学のこうした理念は、国際政治におけるアメリカの影響力の拡大に伴い、やがてアメリカ国内社会だけでなく、世界の社会改革にまで適応されることになったのである。

冷戦期のアメリカ外交と大学との関係は、一九四九年のトルーマン大統領による「ポイント・フォー演説」以降、拡大の一途を辿り、多くのランドグラント大学もまた、政府やフォード、ロックフェラー財団といった民間財団からの援助を受け、世界の「姉妹大学」が「効率的な民主教育」に専念できるよう支援を行ったのである[87]。沖縄においては、アメリカ陸軍省の財政支出の下、同様の教育支援事業が行われていた。若干の違いは、陸軍省がミシガン州立大学と琉球大学の関係を親子関係に例え、琉球大学をミシガン州立大学の「養子」と呼び、厳しい家父長的な立場から民主教育と反共教育の定着を要求した点にあった[88]。

興味深いのは、USCARの教育文化政策に厳しい評価を下していたアイゼンハワー政権もまた、琉大が共産主義運動の温床となることを、強く懸念していたことである。一九五三年六月の国家安全保障会議（National Security Council: NSC）の席で、チャールズ・ウィルソン（Charles E. Wilson）国防長官は、アメリカを沖縄から追放しようとする動きが琉球大学内にあると大統領に報告した。報告を受けた大統領は、「アメリカが諸外国で建設した大学に多くの共産主義者の学生がいる」と指摘し、「非常に困窮している」と心労を吐露したのである。学生の反米感情を宥める最良の手段は、占領統治の経費を懸念するジョージ・ハンフリー（George M. Humphrey）財務長官が提案したアメリカ軍の民事活動からの即時撤退であった[89]。だが、国防総省は施政権返還と基地保有を切り離す政策に激しく反発した。結局、アイゼンハワー政権の琉球諸島の施政権に関する方針は、沖縄の日本返還を視野に入れて、日沖の貿易、文化、経済交流を前向きに考慮しながら、沖縄統治に重大な障害が発生するまで事態を静観することになったのである[90]。

反米感情改善を望む一方、基地保有のため統治政策を大きく転換できないアイゼンハワー政権にとって、非政府主体の文化交流活動もまた、残された数少ない選択肢の一つであった。アイゼンハワー政権期に対外広報政策を担当したチャールズ・ジャクソン（Charles D. Jackson）は、一般市民が政府機関のプロパガンダに対し猜疑心を抱く傾向があるとの認識を有し、反米的なプロパガンダを打ち消すため、アメリカの真実や理想について人々を教育する重要性を説いていた[91]。政権内でジャクソンは、アメリカの海外での行動とプロパガンダ活動の齟齬が、民衆の対米心理に与える影響を、最も危惧した人物であった。アイゼンハワーは、ジャクソンのように、冷戦の趨勢がプロパガンダの影響のみで定まるとは判断せず、広報戦略と実際の外交政策の関係について慎重な立場を有していたものの、教育的な対外広報の重要性に関しては同意見であった。[92] 政府が直接広報活動に関与せず、非政府機関への財政援助を通じて、政府の関与を非明示にするアイゼンハワー政権の広報戦略には、ジャクソンの見解が反映されていた。[93] 非政府機関への財政援助の対象には、大学教育機関も含まれた。大学機関の協力は、現地住民の心理分析や効果的な広報活動の助言など研究の分野と、現地の教育機関が必要とする専門分野のアメリカ人教職員を派遣する教育の分野から成り立っていた。ミシガン・ミッションは、沖縄の教育者への不信感を抱き、アメリカ式教育の普及を望むUSCARだけでなく、統治政策に大幅な修正を加えることなく沖縄の住民の反米感情を宥めたいアイゼンハワー政権にとっても貴重な選択肢になったのである。

小括

冷戦期の共産主義イデオロギーの封じ込めと民主主義の理念の世界的な拡散を目的としたアメリカ文化政策の理念は、現実の政治、経済、軍事政策とは必ずしも相容れるものではなかった。長期のアメリカ軍事占領が続く沖縄もまた文化政策の理念と国際政治の現実が複雑に交差する地域であった。沖縄の文化政策は、一部の軍事史家が指摘するように沖縄の脱軍国主義と民主化という占領初期の政策目標に関して言えば、一見すると成功とみえる。しかし、軍の政策を妨げない範囲での民主主義という占領期の矛盾、占領する者からされる者への人種偏見や差別、共産主義者とのレッテルによる中傷や弾圧といった占領下の教育政策の実情は、琉球親善や異文化相互理解の促進を唱えるスローガンとは大きく異なるものであった。

さらに、沖縄の文化政策は、琉球諸島が敗戦国の占領地域から冷戦期の同盟国の租借地へと変遷していく過程で、より複雑な様相を帯びるに至った。複雑化した沖縄での文化政策には、大別すると以下の四つの側面があった。すなわち、一．民主主義を世界に広めるという人道的な側面、二．占領統治を長期化にするための沖縄の親米あるいは離日を促進する側面、三．英語力やアメリカの生活様式に精通した人材育成による軍政府の占領負担を軽減する側面、四．共産主義の拡大を防ぐための反共教育を推進する側面の四点である。陸軍省が文化教育の分野を最重要視した背景には、これら四つの側面があったのである。

教科書の編纂過程や語学教育、琉球大学の設立には、沖縄での文化政策が有するこうした複雑性が反映されていた。戦前の軍国主義からの脱却と民主教育を目的とした教科書編纂では、日本とは異なる琉球の歴史や文化を意識した題材が好まれ、占領を意識した軍政府の配慮が含まれていた。USCARの英語教育への積極的な投資と日本語教育への消極的な態度は、文化教育政策が有する親米離日の意図が明確に示されていた。琉球大学については、その立地と名称の選択の段階から既にUSCARの占領統治との関わりが始まっていたのである。

興味深いのは、アメリカ政府内には、沖縄住民の反米感情の原因が、軍用地問題や人種偏見といった米沖関係にあることを指摘する意見がある一方、ＵＳＣＡＲはその原因として、共産主義の扇動活動を強調し、より厳格な反共親米教育を行う必要性を説き、批判を回避したことである。共産主義の拡散を防ぐために沖縄社会の政治経済的安定を重要視したＵＳＣＡＲが目標としたのは、高度な学術的探究に特化した「アイビー・タワー」型の大学ではなく、地域社会への奉仕を信条とする「ランドグラント」型の大学であった。ランドグラント大学の理念に沿ったミシガン州立大学による琉球大学支援事業はまた、基地保有の重要性とＵＳＣＡＲの文化政策の問題点の双方を認識する一方、施政権返還と基地保有の分離のような大胆な統治政策の転換ではなく、文化教育政策の修正のような小規模な対策で反米感情の鎮静化を好むアイゼンハワー政権の方針にも沿ったものであった。

第３章
ミシガン・ミッションと冷戦期の教育政策

琉球大学志喜屋記念図書館を訪れるブース高等弁務官
（写真提供：沖縄県公文書館）

はじめに

東アジア冷戦の影響は、沖縄の基地建設だけでなく、占領政策全体にも及んだ。沖縄の高等教育政策もまた例外ではなかった。一九五一年二月一二日の琉球大学開学式でのマッカーサーの祝辞は、朝鮮戦争という当時の状況もあり、冷戦のレトリックを駆使したものであった。マッカーサーは琉球大学の学生達を「自由を擁護する者たち」と形容し、学生達に向けて「人間の精神を奴隷化しようとする勢力」に対抗する義務を説いた[1]。占領統治の正当性を確信するマッカーサーは、沖縄の人々がアメリカに協力することは当然のことだと認識していた[2]。沖縄に駐留する米軍関係者の多くもまた、琉球大学の前途に高い期待を抱いていた。琉球大学顧問を務めたジョン・チャップマン(John G. Chapman)は、大学便覧の中で、「本学がいわば文化的発電機となって、そこから新しい光が琉球諸島のあらゆる村に流れていく」と述べ、琉球大学の目的がアメリカ軍の助力を得て、沖縄復興に貢献することを言明した[3]。

第2章で論じたように、アメリカ軍政府は教育を統治政策の重要課題の一つに掲げ、占領初期から文化教育に取り組んでいた。しかし、民事活動に不慣れなアメリカ軍が、教育制度の復興を自力で完遂するのは無理があった[4]。軍政に関する専門的な訓練を受けていない将校達は、現場で臨機応変に対処する必要があり、教育政策に関しては沖縄の教職員の協力を求めたのである。アメリカ軍はまた、自国の教育専門家達にも協力を要請した。陸軍省は、アメリカ教育評議会（American Council on Education: ACE）に対し、民主主義の教育理念だけでなく、沖縄復興に不可欠な実学の分野にも秀でた大学のリスト化を依頼した。戦争で荒廃した沖縄の復興を促進するために軍政府が重視した手段は、沖縄の有能な若者に農学、工学、家政学、英語などの教育を施すことであった。[5]沖縄が他の地域に比べて、復興が遅れていることを危惧するアメリカ軍は、「沖縄住民の生活水準を最大限に引き上げる」という長期的な目標を達成する前提条件として、民主主義を信奉する「指導者と技術者」の双方が不可欠との結論に達していたのである。[6]

特に食糧不足の問題に直面した軍政府が重視したのは、農業の分野であった。[7] ＡＣＥが挙げた七つの大学から、陸軍がミシガン州立大学を選出した理由は、農学の分野における実績にあった。[8] 一八五五年に農業単科大学として発足し、地域社会に貢献する人材育成を重視するランドグラント大学の理念の下、全米有数のランドグラント大学へと成長したミシガン州立大学は、発足したばかりの琉球大を指導するのに最適な大学だった。すなわち、琉球大学がミシガン州立大学から学ぶべき点とは、学生への知識の教授や探求という学術的な面だけでなく、学生が学んだものを地域社会へ伝達・普及することにあったのである。[9]

一九五一年に始まった琉球大学とミシガン州立大学の大学間支援プログラムは、ミシガン・ミッションと呼ばれ、一九六八年まで続いた。ミシガン州立大学は、この一八年間のプログラムの間に五八名の教職員を派遣し、ランドグラント大学の理念に沿った実用的な人材育成に加えて、授業カリキュラムの作成や研究助手への給与制度の確立など大学行政への指導も行った。この間の琉球大学の発展は、目覚ましいものであった。六つの学科、二六名の教員、七五九名の学生から始まった大学は、四つの学部、二一九名の教員、三四一三名の学生を有するに至ったのである。[10]

ミシガン・ミッションが、沖縄の教育復興において重要な役割を果たしたことは明らかである。だが、ミシガン・ミッションに関する研究は、近年の文化冷戦史への関心の高まりに伴い、着実に進んでいるものの、冷戦史の文脈から沖縄の高等教育政策を、実証的に分析した研究は、皆無である。[11] 本章は、文化・人種・帝国主義等の言説から戦後の米沖関係を考察する近年の研究成果を参照する一方で、アメリカ国立公文書館、ミシガン州立大学公文書館、ならびに沖縄県公文書館の資料に依拠しながら、冷戦政策と一九五〇年代のミシガン・ミッションの展開を明らかにするものである。[12] 結論として本章は、冷戦思考の大学教育支援事業であるミシガン・ミッションは、琉大の発展に貢献したものの、地域住民を第一に考えるランドグラント大学の理念を十分に体現できず、米琉の親善に必ずしも資するものではなかったとの主張を展開する。

1　アメリカ高等教育機関と冷戦

冷戦は、アメリカの大学制度に大きな影響を及ぼした。第二次世界大戦中から進んでいた連邦政府と学界の協力関係は、冷戦期には確固たるものとなった。連邦政府は、総額数十億ドルの研究助成金を諸大学に提供し、その成果を軍事・外交政策に利用した[13]。ハーバード大学のように潤沢な資金を有する名門私立大学の中には、学問の自由を維持するため、公的資金を用いた研究に反対する学者も存在した[14]。しかし、多くの大学は、巨額の財政援助の誘惑や共産主義脅威論を支持する世論に屈し、軍産複合体との関わりを深めていったのである。

朝鮮戦争は、軍と大学のパトロン・クライアント関係を、構築する契機となった。軍からの巨額の資金援助を得た大学側は、その資金を利用して、教育に従事する必要のない研究員を雇用することが可能となった。教職員の中には、研究業務に特化した教職員が急増した結果、大学の教育機関としての役割が、疎かになることに警鐘を鳴らす者も多かった[15]。ところが、一九五七年のスプートニクショックは、教育が政治の犠牲になることを危惧する有識者の意見を、押し流す結果となった。アメリカ議会は、長期にわたるソ連との科学技術競争に備えるため、翌年に国家防衛教育法（National Defense Education Act: NDEA）を制定し、冷戦と教育の関係性を明確化したのである。その結果、一九五〇年代末には教育を冷戦に勝利するための武器とする見解が、政府高官と研究者の間で広まっていった[16]。

「冷戦大学」と比喩される政府と大学の提携関係はまた、冷戦に関わる特定の研究分野の育成にもつながった。とりわけ、ロシア研究や地域研究等の社会科学分野は、政府や軍からの潤沢な資金を利用して著しい発展を遂げた[17]。ＣＩＡからの資金提供を受けたハーバード大学のロシア研究センターは、その一例と言える[18]。さらに、冷戦構造の第三世界への波及は、発展途上国への近代化理論の適応性を唱える社会科学者達に、実証実験の場を提供した[19]。アメリカは、ハーバード大学とニューヨーク大学等によるトルコの大学教育支援プログラムのような非ヨーロッパ諸国の教育機関への支援活動を、トルーマン政権期のポイント・フォー計画以後から進めていた。近代化理論は、教育事業の論理的枠組みにも応用されたのである[20]。シカゴ大学によるチリの近代化支援プロジェクトは、冷戦期にアメリカが世界中で推進した近代化実験の一例であった[21]。

自由な諸国民を守るという冷戦の大義の下に開始された世界規模での教育支援事業は、民主主義や学問の自由といった理念的な部分と授業カリキュラムや大学行政制度といった実用的な部分の双方からの支援を通じて、親米的なエリートを育成するという政治的意図を有していた。このような冷戦思考の教育支援政策は、アメリカの教育専門家から教授法を直接学べるという利点がある一方で、言葉の壁や異文化への理解不足に起因する受け入れ国側との摩擦も生んでいた[22]。実際に派遣された多くのアメリカ人教職員は、長くとも数年間程度の短期滞在のために、現地の文化や言語を長時間かけて習得する動機付けが弱く、派遣先の国での文化摩擦の軽減に積極的とは言えなかった[23]。さらに、オリエンタリズムやパターナリズムの概念と深く関わり、諸外国で独善的と非難されていた冷戦期のアメリカの異文化交流は、一九五〇年代にはマッカーシズムの台頭と重なり、親米的ではない行動に対して、極めて不寛容な立場から進められていくのである[24]。

アメリカ国内では、一九四〇年代から共産主義者の脅威という名目の下、政治的信条に対する寛容性が、制限されていた。一九四七年三月にトルーマン大統領が公布した大統領行政命令九八三五は、司法長官が「全体主義的、共産主義的」等と指定した団体に加入ないし関係した事実が明らかとなった連邦政府職員を、解雇ないし任命拒否するという当時の時代状況を反映したものであった[25]。赤狩りを容認する立場は、アメリカの高等教育機関にも広まっていった。一九四八年には、ワシントン州議会の非米活動委員会（Canwell Committee）が、ワシントン大学の六名の教授に容疑を掛け、委員会での宣誓証言を拒否した三名を解雇に追い込んだ。ワシントン大学は、内部の終身雇用調査委員会により、共産党党員の経歴だけでは、解雇の理由としては不十分との結論に達していたが、結局のところ、共産主義者の教員を保護する政治的危険性を避けたのである[26]。一九五〇年には、カルフォルニア大学が雇用契約者全員に対し、共産主義者ではない旨を宣誓することを義務付けた。宣誓を拒否した教員は、解雇か自主的な辞職のどちらかを選ぶこととなったのである。一九五三年には、アメリカ大学協会（The American Association of Universities: AAU）が「学問の自由の主要な脅威は、共産主義である」との声明を公表し、学問の自由にも一定の制限があることを容認する立場を明らかにした[27]。イェール大学のように連邦捜査局（Federal Bureau of Investigation: FBI）の捜査に全面的に協力し、共産主義と関わりのある人物の雇用を、全力で阻止する大学も存在した[28]。大半の大学行政側と教職員は、学問の自由を侵害し、共産主義とは直接的な関わりのない多くの無実の学者の人生を破壊した赤狩りの脅威に対し、傍観者的な態度を取っていたのである。大学側がアメリカ政府の冷戦政策に対し、本格的な非難を開始するのは、ベトナム反戦運動が高揚する一九

六〇年代半ば以降であった。(29)

2　ミシガン州立大学と冷戦

大学と冷戦に関する先行研究の多くは、ハーバード大学、イェール大学、マサチューセッツ工科大学やスタンフォード大学といった限られた名門私立大学の事例に着目してきた。だが、政府の反共政策に協力し、公的援助を受けていたのは、一部の名門大学だけではない。実際には多くのランドグラント大学が、政府やフォード、ロックフェラー財団といった民間財団からの援助を受け、発展途上国での教育支援事業に従事していたのである。ある研究によれば、一九六二年までに二七のランドグラント大学が世界二六か国で、五三のプロジェクトに携わっていた。その中でも南ベトナムの支援事業に従事したカンザス州立大学とミシガン州立大学の二つの大学は、教育支援の分野では突出した存在であった。とりわけ、ミシガン州立大学の活動は、コロンビア国立大学と共同での農業学校支援事業、ナイジェリア大学の建設支援事業、パキスタンのペシャワール、東パキスタンのクミックでの農村開発支援事業など世界規模であった。(30)一九五一年から沖縄で始まったミシガン・ミッションは、こうした世界規模での教育支援事業の嚆矢であった。

ミシガン州立大学が、発展途上国向けの教育支援事業で目覚ましい成果を上げた背景には、学長であるジョン・ハンナ（John A. Hannah）の卓越した政治手腕があった。ランドグラント大学評議会（The Association of Land-Grant Colleges and Universities）の理事長も務めたハンナは、ランドグラント大学の理念を、世界に普及させることに賛同の意を表し、ポイント・フォー計画では、国際開発諮問機関（International Development Advisory Board）の委員を務めていた。ハンナはまた、ワシントン政界との個人的な縁故を利用し、政府から大学支援事業に関する助成金を集め、大学施設の拡張や著名な研究者の雇用によって、ミシガン州立大学の知名度を押し上げた[31]。ハンナは「フーバー（Herbert C. Hoover）からフォード（Gerald R. Ford）までの各大統領と知り合い」であり、アイゼンハワー政権期には、人材・人員担当国防次官補を、ニクソン政権期には国際開発庁（United States Aid for International Development: USAID）長官を務めていた[32]。ハンナがミシガン州立大学をアメリカ最大規模の公立大学にまで成長させた功績は、ハンナの独善的な大学行政に批判的な人物でさえ認めていた[33]。

ハンナはまた、他大学の学長達と同様に反共主義の立場を表明し、大学内の左派勢力に厳しい姿勢を示していた。さらにミシガン州立大学の対応は、ウィスコンシン大学、ミシガン大学、オハイオ州立大学といった他の中西部の大学のように、左派的な学生団体の承認拒否やラディカルなゲストスピーカーの学内講演を禁止しただけでなく、学生新聞への検閲にも及んでいた。一九四七年二月、ハンナ学長は雇用の機会平等を目的に、学内でのビラ配布を求める左派学生団体「アメリカンユース・フォー・デモクラシー」（American Youth for Democracy: AYD）に対し、学内の校則違反を理由にそれを禁じたのである[34]。共産主義脅威論が広まっていた一九四〇年代後半から一九五〇年代には、こうした左派団体への措置に異議を唱える者は、皆無であった。[35] 大学行政側の追及は、一時的に共産党に関与していた人物にまで及んだ。英文学部教授のアーノルド・ウィリアムス（Arnold Williams）は、一九五三年に共産党に所属していた経歴を非難され、非共産主義の宣誓と大学への貢献を示すことで、失職の危機を辛うじて免れたのである。さらに、ミシガン州立大学では、赤狩りの脅威が静まった後にも、大学行政側による左派団体への厳しい対応が続いていた。一九六二年五月に理事会が、左派学生グループが主催する共産党員による講演会の開催を禁止したのは、その一例であった。[36]

ハンナの影響力は、独裁者ゴ・ディン・ジエム（Ngo Dihn Diem）を支援する南ベトナム支援事業の失敗を契機に、弱体化していった。ハンナの考えでは、一九五四年に開始したジエム政権の支援は、アメリカ的近代化を促し、反共政策に協力的なミシガン州立大学の存在を国内外に印象付ける好機であった。しかし、南ベトナム国内の政治経済状況は、ハンナの期待とは裏腹に一向に改善せず、ジエムとミシガン州立大学顧問団の軋轢を深め、一九六二年の支援計画中止につながったのである。[37] 南ベトナム支援事業はまた、共産主義封じ込めの大義の下、アメリカ政府とともに進めてきた教育支援事業を、批判的に見直す契機となった。[38] 南ベトナム支援事業の終了から四年が経過した一九六六年四月、左派寄りの雑誌である『ランパート』誌は、「ミシガン州立大学が現在『支援している』国々の一覧は、軍事独裁体制に偏っているが、彼の国（アメリカ）が彼に与える課題について疑問を抱かないのがハンナのスタイルである」と記し、アメリカの大学を「自由世界の擁護者」と形容してきたハンナに対する厳しい批判を展開したのである。[39]

南ベトナム支援団に参加した政治学者のロバート・シリアーノ（Robert Scigliano）が言及するように、ランドグラント大学の理念に則り、地域社会の発展に貢献する人材を育成するには、まず現地の人々の信頼を勝ち取る必要があった。[40] そのため、ミシガン州立大学は、南ベトナム政府のように、民衆の支持基盤の弱い勢力と協力した支援事業では、大変な労力が必要となったのである。むろん、同様の困難が、沖縄の人々の反感を集めたアメリカ陸軍と協力した琉球大学支援事業でも、生じることは明らかであった。だが、教育支援事業に関与したミシガン州立大学の教員の多くは、南ベトナムの問題が浮上するまで、反共政策が開発援助政策に及ぼす悪影響を、本格的に検討しなかった。ミシガン州立大学の上層部は、沖縄をはじめとする支援事業の目標を、ランドグラント大学の理念とアメリカのイデオロギーの世界への普及と定め、肯定的な自己評価を下していたからである。

3　ミシガン・ミッションと冷戦

一九五一年七月の沖縄視察を終えた政治学部長ミルトン・ミルダー（Milton E. Muelder）は、沖縄での大学支援計画に関して、ミシガン州立大学にとって困難を伴う、極めて挑戦的な試みであるとの旨を、ハンナ宛てに報告した。[41] 戦争で荒廃した沖縄の惨状を目撃したミルダーは、アメリカ陸軍に資産を徴収され、さらなる苦境にあえぐ沖縄の人々の姿に衝撃を受けた。報告書によれば、琉球大学の教員達は「サイズの合った靴もない、まともな服装すら足りない」状況下で、授業を行っていた。しかし、ミルダーは琉球大学の粗末な環境を目の当たりにしても、沖縄にランドグラント大学を築く計画に自信を見せていた。ミルダーの考えでは、沖縄の人々が自力で、大学レベルの教育制度を構築することは難しいものの、現地の人々が持つ生来の知性と外部の高等教育機関からの支援があれば、琉球大学を「大学の名に値する立派な教育機関」に発展させることは、可能であった[42]。

琉球大学の将来に関するミルダーの懸念は、興味深いことに占領政策に向けられていた。最大の問題点は、アメリカ軍兵士と沖縄の人々との友好関係の欠如にあった。ミルダーは、現地の人々との軋轢の原因には、占領軍の沖縄の歴史文化に対する認識不足があると考えていた。ミルダーの報告によると、軍は那覇から嘉手納に至る耕地の約二五%を、軍事目的で使用し、霊廟のような文化的遺物でさえ、土地整備のためブルドーザーで解体していた[43]。国務省もまた、軍の現地住民への文化的配慮を欠いた行為に対し、警鐘を鳴らしていた。一九五三年六月、ダレス国務長官はNSCの場で、「いまだに戦時下の特色と性質を強く残したままの沖縄統治の結果、沖縄の人々の九〇%は、アメリカに嫌悪感を抱いている」と述べていた[44]。アジア冷戦における沖縄の戦略的重要性を認識していたダレスは、軍による琉球諸島の占領統治の必要性を認識する一方で、USCARに対しては、沖縄の人々の民意に細心の注意を払うよう求めていたのである。

ミルダーのUSCARに対する不満は、軍の政策が琉球大学支援事業の妨げになることへの危惧から生じたものであった。ミルダーの認識では、ミシガン・ミッションの成否は沖縄の人々の尊敬を得られるか否か次第であった。それゆえ、ミルダーはACEの依頼を受諾した際、ミシガン州立大学の「自由裁量」の余地について、ハンナに確認を取ったのである。[45]「自由裁量」の余地は、学問の自由の理念に関わる問題であった。ハンナもまた「自由裁量」の重要性を認識していた。ハンナは第一次ミシガン・ミッション団長を務めたラッセル・ホーウッド（Russell E. Horwood）宛ての書簡で、ランドグラント大学とは、政府機関の直接的な管理下にはない教育機関であることを繰り返し言明していた。ただし、ハンナは軍政府の関与を全否定はせず、「政府が直接的（に統治）、あるいはライドグラント大学を無視、または、ランドグラント大学と対立した状況下で、市民のための奉仕や研究を行った場合、ランドグラント大学が優れた教育機関として発展することはなく、地域の人々にとって重要な役割も果たすこともできない」との見解を有していたのである。[46]

さらにハンナは、ミシガン・ミッションの団員達に対し、沖縄の人々が何を欲し、必要としているか知るために、琉球大学の教職員と密接な交流を推奨していた。ただし、連邦政府から様々な助成金を獲得し、アメリカの冷戦政策に賛同するハンナの立場は、占領統治の早期終結を望む沖縄の人々の考えとは、相反するものであった。しかし、ハンナには、アメリカの恒久的占領下にあっても、沖縄の人々は協力的になるとの確信があった。ハンナはミシガン・ミッション派遣前に、アチソン国務長官宛ての書簡の中で、沖縄の指導者達は、共産主義を非常に警戒していると述べ、アメリカが沖縄から撤退した後、ソ連の攻勢に抵抗できないと指摘していた。ハンナの書簡はまた、沖縄の人々の本土復帰の機運はさほど高くなく、アメリカが日本に代わって、沖縄を防衛するべきとの議論を展開していた。(47) ハンナの冷戦思考は、非常に頑迷であり、一九六〇年代後半のベトナム反戦運動の高まりにより、ミシガン・ミッションの団員達の中から、沖縄占領統治に対する疑惑が生じた後でも、変化することはなかったのである。

ハンナが軍の占領政策を支援する背景には、政策理念への共感だけでなく、軍からの財政援助を長く受給し、軍との関係を強化するという実用的な意図もあった。一九五六年二月、ハンナは、ウィルバー・ブルッカー（Wilber M. Brucker）陸軍長官宛ての書簡の中で、「沖縄の自主的な発展を支援するというこの知的な職務は、アジアにおけるアメリカの大義に大きく貢献する機会であり、成功の可否は、皆のための教育制度という基礎理念に大きく依拠する」と論じ、ランドグラント大学の理念が、アメリカの国益に役立つことを積極的に喧伝していた。(48) いわば、琉球大学支援事業はハンナにとって、発展途上国での教育政策におけるミシガン州立大学の有益性を証明する絶好の機会でもあった。

ハンナの期待を背負った第一次ミシガン・ミッション団は、一九五一年九月に沖縄に到着した。農学部教授のホーウッドを団長とする第一次メンバーは、経済学部准教授のガイ・フォックス（Guy H. Fox）、教育学部助教授エドワード・フォー（Edward Pfau）、家政学技官のエレノア・デンスモア（Eleanor Densmore）、商業教育学講師とミッション全体の事務を兼務したホラス・キング

(Horace C. King) の五名であった。[49] 彼ら客員研究員の主な任務は、琉球大学教員の指導と高等教育水準の向上にあった。その後、ミシガン・ミッションの支援活動は、「教授法、カリキュラム、研究、公開講座、大学行政制度」等、多様な領域に拡大していくのである。[50]

ただし、戦争の荒廃から高等教育制度を構築するのは、並大抵のことではなかった。ミシガン・ミッションが始まった当時の琉球大学は、研究室や実験器具どころか、十分な机や椅子、黒板、教科書すら確保できない状態であった。理学部と農学部教員の机と腰掛けは、学生達の手作りであった。大学にとって喫緊の問題は、日本語の教科書の不足であった。当時の琉球大学図書館は、米軍やハワイの沖縄人コミュニティからの寄贈により、比較的豊富な英語文献を所蔵する一方、日本語文献の収集は進んでいなかった。そのため、学生達は英語の辞書を片手に持ち、教科書を翻訳しながら、授業に臨むこともあった。言葉の壁は、アメリカ人講師と学生の間にも存在した。教員不足に悩む琉球大学では、アメリカ人宣教師を代用教員として、授業を任せたものの、通訳の人員が圧倒的に不足していた。[51] そのためミシガン・ミッションでは、学生の英語力向上による言語問題の克服が、試みられたのである。

占領下の沖縄では、USCARが主体となり、親米的なエリートの育成を兼ねたアメリカ留学制度があり、成績優秀な学生達がその対象であった。[52] 留学生達は、アメリカ出立前にミシガン州立大学の教員から英語の講義を琉球大学で受講し、派遣先の大学に向かう前にも、ミシガン州立大学で、英語の集中講義を受講する場合が多かった。アメリカ留学の機会を得て、後にイェール大学東アジア言語文化学部の教授を務めた山口栄鉄は、回顧録の中で、ミシガン・ミッションを明治初期のお雇い外国人と形容し、とりわけ琉球大学での英語教育分野での役割を評価している[53]。

英語教授法に関するミシガン州立大学の役割は、琉球大学のカリキュラムが充実するにつれて、一般学生の英語教育にまで拡がった。一九五七年、琉球大学は、東アジア地域最大規模のバイリンガル教育プログラムに着手した。ミシガン州立大学は、愛媛大学の言語学者今村茂雄と琉球大学英語学部と共同で、英語のリスニングとスピーキングを一〇日間で、計一二〇時間学習するカリキュラムを作成した。画期的な点は、学生達に日本語の使用を禁止したことにあった。USCARは、このバイリンガル教育法に対し、著しい効果があったと評した[54]。アメリカ軍は、沖縄占領の成果の一つとして、沖縄の英語教育の発展を挙げていた。だが、ミシガン州立大学側の見解は、USCARと大きく異なるものであった。

USCARの沖縄統治に批判的であったミルダーは、バイリンガル教育プログラム自体に疑問を有していた。ミルダーの見解では、全学生にバイリンガル教育を義務化し、成功した外国の大学は存在せず、沖縄で機能する保証はなかった[55]。実際のところ、琉球大学の英語教育の効果は、一部の優秀な学生を除き、軍が自負するほどに普及しなかった。英語は多くの学生にとって、言語伝達の手段ではなく、授業で強制される外国語であった。さらに、当時の琉球大学内には、占領軍の母国語である英語を熱心に学ぶことに対し、抵抗感を持つ学生も存在した[56]。沖縄県の英語試験の平均点が、英語に接する機会が多いにもかかわらず、他県よりも低い状態が続いた背景には、軍事占領下の複雑な心理状況があったのである。[57]

琉大学生の英語教育に対する複雑な反応は、日米関係の中で、曖昧な状態にある沖縄問題を反映していた。一九五四年のアイゼンハワー大統領一般教書演説における米軍基地の恒久的保有に関する言及は、沖縄の教育方針にも影響を及ぼした。恒久的な占領統治の可能性は、日本語教育の有効性を議論する契機になったのである。特に、ＵＳＣＡＲ民間情報教育部長のディフェンダーファーは、日本語教育が沖縄でのナショナリズムの高揚と反米活動に政治利用される可能性を危惧した。ディフェンダーファーは、ハンナ宛ての書簡で、中央集権的な日本の教育行政が定める教科書は、ナショナリズムの色彩が強く、沖縄の教育に悪影響を与えると強調したのである。[58]これに対し、ミルダーは、教育が政治に従属する危険性を指摘し、「基本方針は、日本への返還を前提とするか否か、あるいはアメリカの計画や政策により役立つか否かで決定すべきではない」との報告書をハンナに提出した。[59]

現地のミシガン州立大学の教員達は、慎重な対応が要求される政治問題に対し、直接的な関与を避け、ＵＳＣＡＲやハンナの指示に従った。むろん、ＵＳＣＡＲの真意が、恒久的な占領にあることは明確であった。しかし、アメリカの沖縄統治に関する見解は、国務省と国防総省の対立からも明らかなように一枚岩ではなく、ミシガン・ミッションを混乱させることもあった。一九五六年六月二七日、ジョン・アリソン（John A. Allison）駐米大使の「沖縄の基地は、東アジアの緊張が収まれば日本に返還される」との発言は、ハンナを狼狽させた。[60]アメリカ議会が、沖縄の土地の基地使用を恒久的に認めるプライス勧告を表明したのは、アリソン発言のわずか三週間前であった。ハンナは早速、ウィルソン国防長官に親書を送り、「(ミシガン・ミッションの)目的が、沖縄の人々をアメリカの思考や理念に沿うように誘導すること」か確認を取った。[61]ウィルソンの返信は、ハンナを安堵させるものであった。ウィルソンは「アメリカは、東アジアが脅威と緊張関係状態にある限り、沖縄での権力と権利の行使を維持し続ける」と言明し、アメリカ政府は基地返還を進めていないと保障したのである。ウィルソンとハンナのやり取りは、アメリカ軍とミシガン州立大学上層部の信頼関係性を示すものであった。国防総省は、ハンナを軍と民間の人事双方に精通した人物として高く評価し、彼が一九五四年に国防次官補を辞した後も、国防大学の評議員や国防総省の諮問委員会委員の役職を与えたのである。[62]ただし、現地の教授団とUSCARの関係は、上層部間ほど良好なものではなく、教育権限をめぐり軋轢が生じることもあったのである。

4　琉球大学の発展とミシガン・ミッション

琉球大学支援事業は、英語教育のようにナショナリズムに関わる分野においては、望ましい結果を得ることはなかったものの、他の分野では着実な成果を上げていた。備品の不足は、琉球大学とミシガン・ミッションからの年次予算、ガリオア資金により、徐々に解消された。[63]日本語文献の不足問題は、一九五二年にキング、フォックス、デンスモアの三名が日本本土から直接書籍を購入することで改善した。この時の本土訪問には、学術書の購入だけでなく、本土の大学図書館との持続的な関係を築くという目的もあった[64]。

図書館は、教育機関の水準を図る重要な施設であり、大学の中核を担う存在と言える。琉球大学初代学長の志喜屋孝信は、最先端の図書館施設の必要性を強く認識した人物の一人であった。学長退職記念として、大学理事会から彫像の制作を提案された際、その制作費を大学図書館の改修費に充てるよう要請したのは、熱心な教育者である志喜屋らしい行動だった。当時の琉大図書館の規模は、木造建七六坪に凡そ三万冊の蔵書を有する程度であった[65]。対するＵＳＣＡＲは、志喜屋の提案から、琉米親善の象徴として図書館を喧伝する政治的有用性を見出した。その機会を逃すまいと積極的に立ち回ったのは、ディフェンダーファーだった。ディフェンダーファーは、ハンナ宛ての親書の中で、ミシガン州立大学の学生達からの寄付は、琉球大学との友好関係を政治的に利用できる機会であると述べ、本心を打ち明けていた[66]。志喜屋記念図書館事業に奮闘するディフェンダーファーは、建設費用の捻出のため、沖縄での宝くじの発行まで行ったのである[67]。

志喜屋記念図書館と命名された五階建ての近代的建物は、五五年一二月に竣工し、琉球大学の発展を記す里程標となった。竣工式ではライマン・レムニッツァー（Lyman L. Lemnitzer）民政長官が、冷戦思考的な自由市民の義務の重要性に言及した後、「短期間にこれほどの成果を上げた」教育機関は存在しないと述べ、琉球大学の発展を称える演説を行った[68]。志喜屋記念図書館は、完成の翌年に、ミシガン州立大学教授団の研究室が出火元の火災という不運に見舞われるものの、ロックフェラー財団やアジア財団、日本の大学からの支援を得て、五七年初頭には六万五〇〇〇冊の蔵書と二四〇冊以上の研究雑誌を所蔵するまでに至った[69]。アメリカ関連の書籍が豊富な図書館はまた、一般の人々にも開放され、アメリカ文化外交の情報センターの役割を果たすことになった[70]。

研究機関としての琉球大学の基礎は、一九五三年に「大学内の安定した電力の確保」により確立された[71]。翌年には科学と物理の実験棟の改修が完了し、ミシガン州立大学のカリキュラムに沿った実験を多く含む授業が、本格的に始まったのである。実験棟の完成はまた、大学院開設にも不可欠であった。一九五九年四月には、琉球大学財団やアジア財団の支援を受け、大学院教育が始まった[72]。ミシガン州立大学教授団は、沖縄復興を担う人材育成のため、農学や工学の分野での大学院教育を最重要視する一方、財政面から大学院生を支援する必要性も認識していた。とりわけ、五三年と五七年から五九年までの二度にわたり、ミシガン・ミッションの科学顧問を務めたアラン・タッカー(Allan Tucker)は、大学院進学を希望しながらも、奨学金が得られず、進学を諦める学生を救済すべきと強く大学側に訴えていた。有給の研究助手制度の設立は、まさにタッカーの功績であった[73]。

ミシガン・ミッションの団員達は、琉球大学の発展を総じて肯定的に捉えていた。例えば、家政学顧問のデンスモアは、沖縄の復興支援を、「我が人生で最も報われた経験」と形容した[74]。家政学を家庭内の社会科学ではなく、生物学、経済学、社会学を応用した学問とみなし、その成果は地域や国家の発展にまで影響すると説くデンスモアの熱意は、彼女の学生であり、後に琉大の家政学講座を引き継ぐ新垣都代子のような後人の育成につながった[75]。ただし、全ての団員達が、デンスモアと同様の達成感を得たわけではなかった。

ＵＳＣＡＲが最重要視していた農学の分野では、琉大農学部による農家に対する病害虫駆除の講演会や『農家便り』といった雑誌の刊行により、ランドグラント的な研究成果の普及事業への順調な成果が現れていた。しかし、その流れを変えたのは、ＵＳＣＡＲであった。一九五三年にＵＳＣＡＲが主導した農業研究と普及事業の統括役を、琉球政府から琉大に移管する試みは、沖縄県内の農業関係者間の軋轢と混乱を生み出した。結局、ＵＳＣＡＲは、移管に賛同する安里源秀をはじめとする琉大側と反対の意を表明した琉球政府経済局と県内の農林水産関連団体の板挟みとなり、琉大の研究と普及事業の拡大を求める一方で、琉球政府との協力関係も黙認するという折衷案を提示することで、事態を何とか収拾したのである[76]。

ミシガン・ミッションもまた、このような管轄権の問題に対し、常に無関係ではいられなかった。琉球大学からミシガン州立大学への派遣教員の増員を求められた教育学顧問のフォーは、数学と自然科学分野に加え、経済学や社会学といった社会科学分野からの専門家派遣要請が届いていることを、ミシガン州立大学上層部に報告し、ミシガン・ミッションのさらなる努力の必要性を指摘していた[77]。フォーの報告書はまた、専門家不足を解決するための手段として、ミシガン・ミッションの継続に加え、教授団の任務に琉球大学の行政指導を加えることを推奨した。だが、ミシガン州立大学の琉球大学行政への言及は、ＵＳＣＡＲ民間情報教育部の権限問題に抵触し、両者の関係性を損なう議題であった。

5 ミシガン・ミッションとUSCARの軋轢

一九五四年に教育顧問として沖縄に赴任し、五七年にはミシガン・ミッション団長を務めたロイ・アレキサンダー（Roy J. Alexander）とディフェンダーファーとの対立は、現地のミシガン教授団とUSCAR民間情報教育部との確執を反映していた。教授団の最大の不満は、ディフェンダーファーが、ミシガン・ミッションの功績を、琉球大学支援事業の報告書に記載しないことにあった。アレキサンダーによれば、USCARは、ワシントンに向けて、民事活動報告書を半年毎に提出しているものの、ミシガン・ミッションの活動は、民間情報教育部の功績にすり替えられていた(78)。アレキサンダーは、ミシガン・ミッションを、独立した琉球大学支援事業と捉えていた。対するディフェンダーファーは、軍の資金で活動するミシガン・ミッションを、USCARの大学支援活動の一環に位置付けていた。両者の確執は、五七年九月にディフェンダーファーが民間情報教育部長の職を辞するまで続いたのである。

助成金の問題は、ミシガン州立大学とアメリカ軍の関係性を規定する大きな要因であった。ミシガン・ミッションの真の独立は、軍の財政基盤に依拠している限り、不可能であった。さらに、ミシガン・ミッションの運命は、アメリカ予算局（The Bureau of the Budget: BOB）の判断にも大きく左右されるものであった。例えば、BOBは、増加傾向にあるミシガン・ミッションの予算に鑑み、一九五七年の琉球大学支援事業の延長に疑問を呈し、予算の削減と「琉球政府の財源下での（ミシガン）ミッション」を提起していた。[79] この時のBOBからの勧告は、非公式のものであり、ミシガン・ミッションの琉球政府への管理下の移管は、軍の反対により回避されたのである。ハンナと陸軍上層部の良好な関係性が、BOBの指摘を回避できた要因であった。ブルッカー陸軍長官は、ハンナ宛ての親書で「陸軍省の全員が、琉球大学での任務と発展に関心を有し、ミシガン州立大学の人々の業績に深い感銘を受けている」と述べ、軍がミシガン・ミッションを妨害することはないと言明した。[80] ブルッカーはまた、長期的な経済基盤に沿ったミッションの必要性を示し、この時はハンナを安堵させた。

ところが、琉球大学の財源に占めるUSCARの負担額は、沖縄の経済復興に伴う、五〇年代半ばからの琉球政府の負担、すなわち沖縄住民の税負担の増加に伴い、減少していった。[81] そのため、ハンナはミシガン・ミッションの琉球政府管理下への移管問題の弊害を、軍の上層部に繰り返し訴えることになるのである。ハンナは、USCARの中からも、同様の議題が提出されていると国防総省の高官宛てに親書を送り、「アメリカが沖縄を極東防衛の恒久的な稜堡とみるならば、大学は最も有益な組織である」と述べた後、「民事活動を行っている者の中には、別の考えを持つ者がいるに違いない」と指摘し、ミシガン州立大学の忠誠心とUSCARの民事活動の問題点を報告した。[82]
さらにハンナは、ウィルソン国防長官に対し、琉球政府は、自治とは名ばかりのUSCARの従属機関であり、支援者の変更はミシガン・ミッションの解消と同じであると説明し、琉球大学がランドグラント大学として成長することはないと言明した[83]。

ハンナはBOBの緊縮財政やUSCAR財源の減少により、ミシガン・ミッション予算が削減された点に失望したものの、「琉球諸島での権力と権利の行使を維持し続ける」という軍の方針を、依然として支持した[84]。ハンナには、今後の琉大の持続的な発展が、アメリカの東アジア政策の行方を左右するとの認識が強く、アメリカ有数のランドグラント大学であるミシガン州立大学以上の指導役はいないとの自負があったのである[85]。ハンナの自信は、ウィルソンへの親書からも明らかであった。ハンナは「沖縄の教員と学生達は、日本の大学制度に再統合されるよりも、(地域密着の教育という)我々(アメリカ)の目標を好むに違いない」と主張し、日本の教育制度に対するランドグラント大学の優位を指摘した[86]。こうした自負心は、ミシガン州立大学全体にも広まっていた。地元のニュースメディアは、「沖縄で最も感謝されているアメリカの活動は、ミシガン州立大学の支援である」と報道し、占領政策の成果を大いに吹聴していた[87]。

ミシガン・ミッションは確かに琉球大学の発展に貢献した。琉球大学学長の安里源秀は、開学一〇周年の一九六〇年の「学長メッセージ」において「本学はようやく幼児期を脱し、これから手足を十分に伸ばして活躍できる時期に達している」と記し、ミシガン州立大学の「里親」のような役割に感謝の意を示した[88]。一〇歳を迎えた琉大は、学生数二二〇〇人を有し、文系、農学、理学、工芸の各分野で研究棟を備える、まさに大学にふさわしい外形を整えつつあった[89]。その一方で、琉球大学一〇年間の躍進は、軍事占領下の出来事でもあった。琉球大学の教員や学生の中からは、冷戦と軍事占領の記憶として、琉球大学開学の一〇年を捉える見解も存在したのである。

6　反共教育と琉大事件

軍事施設建設と沖縄社会の復興が同時進行的であったように、占領下の民主化は反共政策と表裏一体であった。例えば、軍政府は女性選挙権の付与といった民主化を促進する一方で、アメリカ陸軍対敵諜報部隊（Counter Intelligence Corps: CIC）に反米的、または左派的な活動団体を監視させていた。[90] 前章で言及したように沖縄教職員会は、こうしたＣＩＣの監視対象の一つであった。ＵＳＣＡＲは、沖縄の教職者への疑念からランドグラント大学型の教育を琉大に導入し、冷戦教育を琉大学生に施したものの、必ずしもその成果に満足していなかった。とりわけ、ＵＳＣＡＲは琉大内で反基地運動や日本復帰運動への機運が高まると、共産主義者の扇動活動を疑い、裏で糸を引いているのが沖縄教職員会や沖縄人民党だと認識していた。[91] ＣＩＣの監視の目は、やがて、琉大内の学生活動にも向けられていった。

ミシガン・ミッションの団員達も琉大内での赤狩りとは、無関係ではなかった。一九五二年、エドワード・フォーは、ミシガン州立大学への報告書の中で、「沖縄教職員会会長で元文教部長の屋良は、日本復帰問題を最も声高に唱えており、大学をまるで『政治論争の種』として利用している」と記し、部外者による琉大内での扇動活動の危険性を指摘していた。[92] ＵＳＣＡＲとミシガン州立大学が抱く琉大内での共産主義への脅威は、一九五三年と五六年の二度にわたる学生紛争の際、最高潮に達した。「琉大事件」と呼ばれるこれらの出来事は、アメリカ国内での赤狩りと同様、学問の自由という大学教育理念の形骸化をもたらすことになった。

第一次琉大事件が発生した一九五三年は、学生の占領統治への不満が、大学に無許可での『アサヒグラフ』の原爆被害者写真の校内展示、灯火管制への違反、顧問教官への無申告でのクラブ雑誌『自由』の発行という形で、顕著に現れた年であった[93]。大学当局は、こうした反米的な活動を、校則違反として処理するため、四人の学生を謹慎処分とした。ところが、謹慎を受けた学生達が、大学からの処分を不服とし、メーデー大会の場で自分達の行為の正当性を訴えたため、学生運動と共産主義との疑惑を深める事態となったのである[94]。

メーデー大会の波紋は、琉大だけでなく、沖縄の社会問題にまで発展していった。USCARの検閲下にある『沖縄タイムス』や『琉球新報』は、琉大の左傾化に警鐘を鳴らし、大学当局に対し厳しい対応を迫った[95]。対するメーデー参加者達は、共産主義勢力や沖縄人民党との関係性を否定し、大学行政を公に批判できる唯一の場という理由で、メーデー大会を選択したと主張を展開した[96]。結局、琉大当局は一二時間に及ぶ職員会を経て、四人の学生の退学処分を、五月八日に公表した。大学当局の決定は、その後、授業のボイコットや学生総会で大学側と交渉を通じて、退学処分の取り消しを求める運動が一部の学生で展開されても覆ることはなかった。一部の学生は、USCARに抗うことのできない当局への皮肉を込めて、琉球大学を「植民地大学」と形容したのである[97]。

第一次琉大事件に際し、USCARはメーデー大会から一週間以上、学生への対応を保留した琉大当局に対し、不信感を募らせていた。ホーウッドの報告書によれば、USCARは大学当局とともに、四人の学生に対して退学処分以上の「さらなる措置を取るべき」か否か議論していたが、「ディフェンダーファー氏の『非常に強硬な助言』は（大学当局側に）聞き入れられなかった」ため、大学は予算の面で、「おそらく厳しい試練を迎える」とのことであった[98]。ただし、ホーウッド個人の見解は、必ずしも悲観的なものではなかった。ホーウッドは、決断の遅さを「東洋人の難点」と記す一方で、事件から一か月後の一九五三年六月の報告書の中では、多くの学生団体が共産主義勢力（沖縄人民党）の扇動活動に賛同しなかったと指摘し、大学当局は「将来、同様な事態が生じた場合に今回よりもずっとうまく対処できるだろう」と今回の事件の教訓が生きる可能性を示唆したのである[99]。

だが、三年後の一九五六年に勃発した第二次琉大事件は、ホーウッドの予測が間違いであることを示す出来事となった。第二次琉大事件は、同年六月に発表された「プライス勧告」が、軍用地の無制限接収と一括払い方式の正当性を容認したことに反対する沖縄県民の大規模デモへの琉大生の参加が、直接の引き金となった[100]。ただし、五三年の第一次琉大事件以来、抑圧されてきた学生達の反米感情は、同年三月発行の『琉大文学』第二巻第一号に「アメリカは、抑圧者と帝国主義者の国」だと厳しく非難する作品が掲載され、CICから同誌が共産主義者のプロパガンダ雑誌として、半年間の休刊処分を受けるなど再び高まっていたのである[101]。

一九五五年から五七年までミシガン・ミッションの団長を務め、第二次琉大事件の傍観者であったカール・ミード（Carl D. Mead）によれば、「圧制者を倒せ」とのプラカードを掲げ、「ヤンキー・ゴー・ホーム」と唱えながら約四〇〇人の学生が七月二七日と二八日にデモ行進を行っていた。[102] 両日のデモ行進の成功を受け、琉大学生会と帰省学生会は、八月八日にコザ市でのデモ行進を計画していた。しかし、七月のデモ行進から警戒を強めていたUSCARは、デモの前日に「オフリミッツ」（軍要員の立ち入り禁止）を発表し、学生デモの封じ込めを行った。「琉球人とアメリカ人の衝突を避けるための予防措置」との名目で発令された「オフリミッツ」は、アメリカ人兵士を対象に営業していた基地周辺のバーや商店への無言の経済的圧力となり、基地経済への依存が高い業種に就く人々とそれ以外の人々の間に亀裂を生むことで、最終的にデモ運動の団結力を削ぐことになったのである。[103]

USCARの学生デモへの責任追及は、当然学生運動を抑止できなかった大学当局にも向けられていた。安里学長は直ちに「琉球大学は、共産主義に反対である」との声明を発表するとともに、アメリカ政府と全アメリカ国民への謝罪を述べ、穏便に事態の収拾を図ろうと考えていた。[104] しかし、USCARの態度は強硬であった。とりわけ、首席民政官であったヴァンナ・ヴァージャー（Vonna F. Burger）は『琉大文学』の事例まで遡り、琉大当局の反共勢力への対応の甘さを厳しく非難したのである。[105] ミードの報告によれば、「ヴァージャーは飢えた熊のように理事達と安里（学長）を待ち構え、彼らに対して自分は非常に忍耐強く耐えていたが、彼ら（理事会）が大学運営に関して無能であることを見せつけられた」と述べた後、「我々は琉球の人々のための大学を維持すべきであり、共産主義扇動者達によって運営させる大学にはさせない」との警告を発し、デモ扇動者達の大学追放と反米デモの再発防止を要求したのである[106]。さらに琉大当局に対するUSCARの圧力は、財政的な側面からも加えられていた。ディフェンダーファーは、安里宛ての書簡の中で、「貴殿が学生会と教職員の中にいる反米的な共産主義者を追放すると正直に述べない限り、貴学の全財政援助は打ち切られたままである」と記し、学生への処分に反対する安里を、強く牽制した[107]。ミードの報告によれば、安里は学長の職を辞する覚悟で、学生の退学措置に反対の意を表しており、ミードの忠告にも従おうとはしなかった[108]。安里の態度に苛立つヴァージャーは、最終的に琉大廃止の可能性すら示唆するようになったのである[109]。

八月七日の「オフリミッツ」の発令から一七日の琉大理事会と学長による六名の学生退学処分の決定まで一〇日間、琉大の教職員の間では激しい議論が行われていた。一部の若手教員は、大学の自治の重要性を説き、「これで大学がつぶれるならつぶした方がいい」と強硬な意見を述べる者もいた。全教員が、軍の介入で学生の処分が決まる現状を、正しい大学の在り方とは思わなかった。だが、教員の中には、アメリカ軍が占領する沖縄という現実の中で、USCARに逆らい、職を追われることに恐怖を抱く者や、大学の廃止によって多くの若者が教育の機会を失うことを危惧する者も多く、「泣いて馬謖を斬る」思いで、六名の学生の退学処分を黙認することになった。結局、安里学長は一七日の声明で、「この事件により、琉球大学は存廃の重大な岐路に立たされ、大学を存続し、将来の発展を図るために、この事件に責任のある学生および反米的な言辞を発した学生を処分致しました」と述べ、軍の政策を妨げない範囲での民主教育という琉大の現状を学生に報告することになった。[110]この日は、「琉大が死んだ日」として、沖縄の人々の記憶に刻まれたのである。

大学存続のための大学当局の決断はまた、学生と教職員間の不信感の高まりという悪影響を及ぼすことにもなった。五六年一二月二二日付の『琉球大学新聞』は、「学園の自治と学問の自由を愛し、真に子弟を愛する大学人であるならば、これまでの態度を強く反省していただきたい」と記し、抗議の意志を示した。[111]対する琉大当局は、USCARと学生との間で難しい対応に追われることになった。琉大側は、USCARのさらなる介入を避けるため、学内出版物に関する規定を改正し、副学長の承認を得た後に原稿の掲載が許される従来の方式から、顧問教官の審査を受け、その後に副学長の承認を得て、掲載が許される二重許可申請に強化する一方、処分学生の転部先を模索し、文部省や関係大学との交渉を続けたのである。[112]

第二次琉大事件は、処分される側と処分する側の双方に深い傷を残す事件であったが、USCARだけは、共産主義者の追放ができたと考え、肯定的に評価した。八月一七日に、ヴァージャーを見かけた者によれば、「彼はいつになく機嫌がよかった」とのことであった。[113]ミードの報告によれば、「学生の除籍処分でアメリカ人達の感情もやわらいだはず」であり、大学もやがて、USCARが望む日常に戻り始めていた。[114]ただし、その日常はミシガン・ミッションにとっても望ましいものではなかった。ミシガン・ミッションの団員達は、琉大事件以後、「同じアメリカ人である」との理由で、学生達から一層の猜疑心を向けられたのである。[115]ミードは、琉大生の反米活動の根底に、共産主義者による扇動だけでなく、軍用地問題があることを理解し、プライス勧告是正の必要性を示唆した。しかし、基地保有の重要性を最重要視するUSCARは、軍用地問題で譲歩することなく、第二次琉大事件後も、沖縄の反米活動を共産主義者の扇動との主張を曲げなかった。ジェームス・ムーア琉球列島民政副長官による一九五六年度の琉大卒業式での祝辞は、その典型例であった。ムーアは卒業生に対し、将来の民主主義社会の指導者として、「共産主義者が約束する偽りの仮面をはぎ取る」責任があると述べ、琉大が反共の堡塁であることを今一度、強調しただけであった。[116]

小括

根深い反共思想は、アメリカ国内の学問の自由を脅かす一方、政府機関の助成を受けた研究教育機関による冷戦教育政策を世界規模で推進した。こうした政府や軍と大学とのパトロン・クライアント関係は、ハーバード大学やマサチューセッツ工科大学のような有名私立大学だけでなく、ミシガン州立大学やカンザス州立大学のような公立のランドグラント大学にも及んだ。とりわけ、トルーマン政権期のポイント・フォー計画以来、アメリカ政府の海外教育計画に関与してきたジョン・ハンナが学長を務めてきたミシガン州立大学は、発展途上国の冷戦教育支援事業において、一目置かれる存在であった。助成金付きの大学支援事業は、冷戦の闘士であったハンナ学長にとって、大学経営者として自身の名声を高めるだけでなく、地域社会に貢献する人材育成を重視するランドグラント大学の理念に則り、アメリカの外交政策にも貢献できる貴重な機会であった。

東アジア冷戦の進展とともに始まったミシガン・ミッションにもまた、冷戦教育とランドグラント大学の理念の影響が、強く反映されていた。ただし、アメリカ陸軍省とミシガン州立大学の上層部は、沖縄の人々を親米的に誘導するという琉球大学の教育支援事業が、反共教育のためだけでなく、沖縄の恒久的支配というアメリカの安全保障政策に係るものとの認識を共有していた。対する現地のUSCARとミシガン・ミッションの関係は、上層部ほどには密接ではなかった。ミルダーはUSCARの家父長的な統治政策が、琉大支援事業の障害となることを危惧していた。USCARとミシガン・ミッションの確執は、教育理念だけでなく、琉大の行政権や支援事業に関する財政問題等、様々な分野にも及んだのである。

琉大に関わる沖縄の人々とアメリカの軋轢は、USCARとミシガン・ミッションとの関係以上に複雑なものであった。琉大当局は、研究・教育機関としての琉大の発展にミシガン・ミッションが多大な貢献をした側面に感謝の意を示す一方で、冷戦思考の教育政策が学生に及ぼす弊害を危惧していた。実際に琉大の学生達は、アメリカの掲げていた民主主義の理念とUSCARが推し進めた教育政策の実態に対して、デモを含めた様々な手法で異議申し立てを行い、それらは、やがて二度の琉大事件へと発展したのである。

だが、USCARは、反米的な批判や抵抗を、共産主義者による民衆扇動とみなす冷戦的思考から離れて判断することができず、琉大事件の背景にある非民主的な軍事占領や大学自治に対する琉大学生達の不満を正しく認識できなかった。沖縄の人々の間では、大学の自治が侵害された出来事として長く記憶される琉大事件は、ＵＳＣＡＲの側からみれば、琉大の民主教育の理念を守るため、共産主義の扇動者を駆逐した輝かしい成果であった。

第４章
冷戦教育政策の終焉とミシガン・ミッション

ワトソン高等弁務官（左）を表敬訪問するハンナ学長
（写真提供：沖縄県公文書館）

はじめに

琉大内での反米活動に対するＵＳＣＡＲの弾圧行為は、沖縄の人々が抱く民主教育の理念と相反するものであった。ＵＳＣＡＲと沖縄社会の望む教育理念は、ＵＳＣＡＲが共産主義の脅威を吹聴すればするほど、乖離していった。だが、ＵＳＣＡＲは依然として、自治を求める運動を共産主義による扇動だと糾弾し、沖縄の人々の利益にならないと判断していた。一九六〇年のＵＳＣＡＲの報告書は、「教育目標に関して、琉球政府とＵＳＣＡＲが互いに論争すべき点はない」と記し、教育政策における順調な成果を指摘していた[1]。

だが、実際の米沖の間には、沖縄の教育権をめぐる軋轢が存在した。この報告書にも、両者の間にある唯一の相違点として、日本人教師の沖縄招聘プログラム問題が挙げられていた。沖縄教職員会と琉球政府文教局は、将来の日本返還を見据え、沖縄と本土の紐帯維持に努めていた。日本の著名な教育者の講義はまた、本土との教育格差を懸念していた沖縄の教育関係者にとって、本土の教育事情を知る貴重な機会でもあった[2]。日本本土でも、教育権返還に向けた動きが、引き続き行われていた。大濱信泉早稲田大学総長は、一九五七年六月に訪米する岸信介首相に「沖縄・小笠原の教育権返還に努力されたい」との要望書を手渡していた[3]。

対するアメリカ政府は、教育権返還に消極的な態度を示した。一九五七年九月、藤山愛一郎外務大臣と会談したダレスは、沖縄県内での共産主義勢力の攻勢と県民の不満を和らげるため、教育権の返還を促す外相に対し、若者への共産主義の影響は世界規模で生じており、沖縄では教職員組合にも浸透していると述べた後、教育問題は注意深く観察する必要があるため、「琉球（諸島）に最も責任を負うものに調査を命じる」と返答した。[4] ダレスと藤山の会談を受け、国防総省は、即座にいかなる施政権の譲渡にも反対の意を示し、「高等弁務官と一致で、国防総省は琉球での教育におけるいかなる日本の影響力拡大をも、琉球でのアメリカ全体のポジションを実質的に危険にさらすものと考え、日本がこうした方向に進まないよう拒絶することを推奨する」との親書を国務省宛てに送ったのである。[5]

占領当初から沖縄の特殊性を強調し、教育分野においても日本本土側の関与に消極的であったアメリカ陸軍省は、一九六〇年代に入っても、沖縄の統治権限の譲渡に激しく抵抗した。例えば、USCARは、一九六〇年度の本土からの教育指導員の受け入れに対し、教科指導だけでなく、学校運営にまで干渉する者がいる、あるいは沖縄の教師でも指導員の仕事が代行可能であるとの理由を挙げ、派遣受け入れ拒否の意向を明らかにし、沖縄教職員会や文教局との軋轢を、一層、深めることになった。結局、六〇年度の本土指導員の派遣は、半年遅れの一〇月に実現することになったのである。[6]

しかし、沖縄を取り巻く状況は、一九六〇年代を通じて、大きく変化していった。沖縄県内では、島ぐるみ闘争を経て、本土復帰の機運が高まっていた。一九六〇年に結成された「沖縄県祖国復帰協議会（復帰協）」の中核団体の一つである沖縄教職員会は、生徒達に対し、本土の歴史やニュースを教えるなど日本人意識高揚を目的とした運動を展開した。[7] 沖縄教職員会の最大の成果は、「日本国民として」という文言を意識的に加えた教育基本法の制定（一九五八年一月）であった。[8]

日米関係にも、同様に大きく変化が生じていた。教育・医療・社会保障分野における日本政府の沖縄への援助額の持続的な増加は、日米の援助比率の逆転とそれに伴う日本の発言力の増加をもたらした。[9] 沖縄を現状のままアメリカ統治下に置くことの難しさは、一九五九年にアメリカ上院外交委員会に提出されたコンロン報告書の指摘からも明らかであった。報告書は、持続的な政治経済発展があった場合にのみ、米琉の関係改善の可能性があると指摘する一方で、「沖縄の指導者達は、アメリカ人として認知される機会よりも、日本人として認知される機会を得る方が遥かによいと確信している」と言明し、従来のアメリカの庇護下での沖縄統治の限界を示唆したのである。[10]

本章では、沖縄返還運動が高まる一九六〇年代の琉球大学を通じて、ＵＳＣＡＲの高等教育政策が終焉するまでの経過を明らかにし、その功罪を論じる。本土の大学制度への変更要求は、アメリカ式教育の優位性を説いてきた戦後の沖縄教育方針の正当性を脅かすものでもあった。興味深いのは、こうしたアメリカの「絶対的な道徳的優位性」への挑戦が、ベトナム問題を契機に冷戦コンセンサスが崩壊し始めた時期と重なり、ミシガン州立大学の上層部からも一定の理解を得たことであった。例えば、国際関係学部の学部長であったラルフ・スマックラー（Ralph H. Smuckler）は、発展途上国での教育支援事業を回顧し、「(ミシガン州立大学の）多くの者が、発展途上国の進歩とは、当初認識していた以上に厄介なものであり、達成するのが困難であり、時に予想外の結果で妥協するという事実に注視するようになった」と記した。[11] ミシガン・ミッションに従事した団員の中にも、琉球大学支援事業を懐疑的に捉える見解が、六〇年代には報告されていた。一九六二年にミッション団長を務めたレイモンド・ハッチ（Raymond N. Hatch）は、琉大の学生にとって自分達の存在が、「(USCARと比べて）二つの悪の内のましな方」でしかないと述べ、ミシガン州立大学が相談役の任を放棄した場合、USCARがその任を代行する可能性を報告していたのである。[12]

六〇年代のミシガン・ミッションを論じる本章はまた、冷戦コンセンサスを通じて形成された軍部と大学の協力関係が綻ぶ過程を分析すると同時に、沖縄返還によるアメリカ文化外交政策の終焉を明らかにするものである。既存の研究が指摘するように、教育分野を含む沖縄返還交渉は、日米両政府がその重要性を認識する一方、国防総省の強い反発により複雑なものとなった。[13] ケネディ(John F. Kennedy）政権期に就任したエドウィン・ライシャワー（Edwin O. Reischauer）駐日大使とポール・キャラウェイ（Paul Caraway）高等弁務官の対立は、沖縄施政権と軍事基地問題を不可分と主張を続ける陸軍省のアメリカ政府内における影響力の低下を示唆する出来事であった。本章は、USCARの文化教育政策における絶対的権限が、沖縄、日本、そしてアメリカ国内からの挑戦を受け、沖縄の日本返還により終焉を迎えるまでの過程を明らかにするものである。

1　琉大事件後のUSCAR文化政策と琉球大学

プライス勧告に端を発する大規模デモは、アメリカ沖縄統治に対する沖縄県民の積年の不満が噴出した出来事であった。USCARは、左派勢力に扇動された運動との主張を展開する一方で、県民の反共と親米感情の強化に乗り出した。一九五七年創刊の『今日の琉球』と一九五九年創刊の『守礼の光』は、USCARの公式見解ではなく、沖縄の人々の意見を反映した点を強調していたが、占領統治の重要性を説く民衆啓蒙を目的としたプロパガンダ雑誌であった[14]。共産主義側が吹聴する「大きな嘘」に対抗する手段であった冷戦期のアメリカプロパガンダ雑誌は、「完全かつ公平なアメリカ像」を世界に普及する目的から乖離し、共産主義の危険性を煽る攻撃的なものに変化していた[15]。共産主義の目的が人々の隷属であるといった記述を繰り返し記載する沖縄のプロパガンダ雑誌もまた、こうした冷戦プロパガンダの典型例であった[16]。

さらに発展途上国向けのプロパガンダは、近代化をめぐる米ソ対立の影響を受け、優れたアメリカモデルと問題交じりのソ連モデルを対比する一方で、同時に近代的アメリカ社会と前近代的な途上国社会という「階層化に反発する感情」を現地の人々に惹起させ、現地の人々の反感を買うものであった[17]。USCARはアメリカに非協力的な人々を反近代的な人々と論じ、熱心な日本復帰論者を既得権益に固執し、アメリカ統治下での経済発展の利点を理解できない前近代的な人々と形容していた。[18]一九五九年から六〇年に起きた琉大学生による『今日の琉球』と『守礼の光』のボイコット運動は、基地経済による沖縄の近代化を喧伝する一方、基地の問題点には殆ど言及しないUSCARのプロパガンダ政策に対する抵抗運動であった。[19]

こうした学生達の反米的な活動は、USCARが期待する琉球大学の在り方とは、かけ離れたものであった。プロパガンダ雑誌に掲載された琉大は、沖縄でのアメリカ式近代化を牽引する将来の指導者を育成する機関であり、「米琉親善」の下に発展するものであった。[20]第二次琉大事件以降、USCARとミシガン・ミッションの団員達は、琉大をこうしたプロパガンダが喧伝する大学に近付けるため、大学の近代化に向けてともに邁進することになった。六〇年代初頭のエンジニアリング教育の確立は、そうしたUSCARとミシガン・ミッションの協力関係が、功を奏した一例であった。ミシガン側の報告によれば、沖縄社会の近代化に不可欠なエンジニアリング教育には、高水準の専門性を高めるカリキュラムの欠如や実験施設の不足、地元産業と大学との不十分な連携など問題が山積していた。[21]ミシガン側の報告を受けたUSCARは、新たなエンジニア教育棟の建設に着手したのである。[22]

USCARとミシガン・ミッションの団員達が協力して取り組んだもう一つの分野は、英語教育であった。前述のように、USCARは占領当初から英語教育の重要性を認識していたが、ミシガン・ミッションに英語専門家が加わるのは、一九五五年からであった。一九五八年に英語教育の専門家かつ団長としてミシガン・ミッションに加わったカール・ライト（Karl Wright）は、沖縄の英語教師の語学力不足を指摘し、この問題を解決するため、アメリカでの英語講習プログラムを設ける必要性を、ＵＳＣＡＲに訴えた。対するＵＳＣＡＲは沖縄の言語教育の不十分さを認める一方で、留学の費用という財政的な理由からライトの提案を却下せざるを得なかった。だが、ＵＳＣＡＲが当時の沖縄英語教育に不満を感じていたのは、キャラウェイ高等弁務官への報告書からも明らかであった。報告書によれば、「沖縄の琉球人向けの英語プログラムは、常に一貫性と統一性、そして財政的に堅固なアプローチを欠いた曖昧で臨時的なもの」であった(23)。とりわけ問題なのは、十分な英会話力を有する教師が数パーセントほどしかいない点であった。そのためＵＳＣＡＲとミシガン・ミッションの関心は、教師の英語力不足問題への代替案として、将来の英語教師となる琉大生への投資に集中した(24)。一九六三年に「イングリッシュ・ランゲイッジ・センター」が、琉大に建設された背景には、ＵＳＣＡＲとミシガン・ミッションによるこうした交渉過程があったのである(25)。

一九六〇年代前半にＵＳＣＡＲとミシガン・ミッションが作成した報告書の多くは、琉大の発展に言及し、地元の人々のための教育と長期的視点を持つ農業とエンジニアリング研究への着手という大学設立当初の目的を達成したとの結論に達していた。しかし、琉球大学支援事業は、アメリカ文化外交の至上命題である現地の人々との相互理解を促進し、アメリカの政治外交政策への支援を集めるという目標を依然として到達できなかった(26)。ミシガン・ミッションに財政援助を行ったロックフェラー財団は、大学支援事業に必要なものとして、「健康、教育、生産性の向上、文化理解の促進」を挙げ、これらが同時に進展した場合にのみ、プロジェクトが成功を収めたとの評価を下していた。[27]ところが沖縄の場合、成功の可能性は、軍用地問題により相互理解の促進が阻害されるため、常に低くなったのである。

ミシガン・ミッションの団員達もまた琉大支援事業が、反米感情の軽減に貢献していないことを理解していた。ミシガン・ミッションの報告によると、一九六〇年のアイゼンハワー訪沖時にデモ活動に参加した学生活動家グループが、その後も「不適切な政治活動」を続けていた。[28]報告書は、キャンパス外での政治活動が多くの学生の支持を集めていないと指摘する一方で、懲罰的な行動に及び腰な琉大当局と教員達が、学生の政治活動を規制するため、「琉大（当局）が中心となった行動」を起こす見込みもない点にも言及し、限定的な反米活動が続くと予想していた。[29]こうしたミシガン・ミッションの見解は、琉大当局の意見を反映したものであった。第四代琉大学長となった与那嶺松助は、一九六一年に行われたミシガン・ミッション団長リチャード・フェル（Richard Fell）との会談の中で、琉大事件以降の教員側と学生側の関係が、危機的な状況にあると伝えていた。実際に前年五月の学生総会では、「学生活動に無関心な教授陣に反省を促す」などの決議が行われていたのである。[30]

さらに与那嶺は、琉大事件の後、「沖縄の世論は処罰された学生達に同情的である」だけでなく、「軍が琉大と沖縄の人々をぎくしゃくした関係に追いやった」と批判していると述べ、沖縄県民と琉大の良好な関係を取り戻すため、ミシガン州立大学にアメリカ軍と琉大当局の仲介役を求めていた。[31]与那嶺のＵＳＣＡＲに対する不信感は根強く、同年秋に「琉球大学とミシガン州立大学との協力関係に関する協定」締結に向けた交渉のため、ミシガン州立大学を訪問した際にも、ハンナ学長に対し、琉大とアメリカ陸軍との問題点を再び説明し、将来的には「陸軍との直接的な契約関係を持つことを望まない」との旨を伝達していた[32]。与那嶺によれば、新たな大学間協定の利点は、ミシガン州立大学側にもあり、それは、琉大の一部で囁かれていた「ミシガン州立大学が、時に自身の見解を（琉大に）押し付け過ぎており、琉大の行政側が主導権を、常に発揮できていない」、あるいは、「琉大行政は、ミシガン州立大学を通じて、軍が管理している」といった意見を払拭できることであった[33]。

琉大当局が沖縄県民とUSCARとの政治的バランスに気を配り、ミシガン州立大学にまで支援を依頼した背景には、六一年に高等弁務官の任についたキャラウェイの統治政策の影響もあった。一九六三年三月五日の金門クラブでの「自治神話」演説で有名なキャラウェイは、歴代の民政長官と高等弁務官よりも沖縄の経済発展や住民福祉に関心を示す一方で、琉球政府の自由裁量の余地を抑制する強権的なアプローチを好む人物であり、沖縄県民から強い反発を招いた人物であった[34]。一九五〇年代にUSCARからの度重なる干渉を受けた琉大当局が、強権指向のキャラウェイ施政下での大学行政への圧力を恐れ、大学の自治運動の機運を高めるのは、言わば当然のことであった。琉大内では、大学のありようが議論され、USCARの支配から脱した琉球政府立大学への移行を求める声が、高まったのである[35]。

ミシガン・ミッションの団員達もまた、琉大がキャラウェイ統治下のUSCARとの間で問題を

キャラウェイ高等弁務官（沖縄県公文書館提供）

抱える可能性を認識しており、今後のミシガン州立大学と琉大の関係性について議論を行っていた。団員達の多くは、琉大当局の自由裁量の拡大を肯定的に捉えていた。とりわけ、フェルは、琉大当局への大学行政権限移譲に前向きであり、早ければ早いほど良いとの考えであった。彼はミシガン州立大学への報告書の中で、「ミシガン州立大学の顧問団の影響により、琉球大学は『植民地』機構になっているとの琉球政府や地元の政治家による言及を取り除くべきである」と指摘し、琉大はもはや大学行政への助言や指導を求めていないとの見解を示していた。[36]一方、学事担当の顧問であったローランド・ピアソン（Rowland R. Pierson）は、早急な権限移譲には消極的であり、その理由として、権限移譲に関する業務が増えることで、現在進行している大学拡張計画に遅れが生じる可能性を挙げていた。[37]ピアソンはまた行政権限の背景にある日本返還への機運の高まりも警戒していた。[38]ライトはより現実的であり、琉大当局は大学を管理運営する能力を有しているものの、ＵＳＣＡＲは権限移譲を許さないとの予測を立てていた。[39]ライトの報告書は、ＵＳＣＡＲとミシガン州立大学との関係性も冷静に分析しており、教育分野での知識でミシガン州立大学が勝っていても、アメリカ陸軍が雇用主である以上、決定に反映されるのは、雇用主の価値観であるとの結論であった[40]。実際のところ、ミシガン州立大学と琉球大学が一九六二年七月に締結した新協定は、ミシガン・ミッションの独立性の限界を示すものであった。この協定は、陸軍省やUSCARを通さない両大学間の直接契約を謳い、対等な立場での協力関係に言及する一方で、学生や社会の奉仕のための「密接な協力」を行うといった抽象的な文言のみで、今後の具体的な計画内容が殆どなく、USCARの政治権力から完全に独立したことを立証するものとは言えなかったのである[41]。

一九六〇年代前半のミシガン・ミッションは、いわば冷戦コンセンサスにより曖昧になっていたアメリカ政府機関に依拠せず、地域社会への奉仕を信条とするランドグラント大学本来の理念を徐々に取り戻しつつある時期であった。ただし、ミシガン州立大学の琉球大学への影響力は、正反対に低下していた。自由に使える財政源を持たないミシガン州立大学は、USCARの許可なく、何らかの教育政策を実行できなかった。さらにUSCARの琉大に対する財政的影響力それ自体が、一九六〇年代初頭までに琉大の支出が琉球政府の税収で賄われるようになると、著しく低下していった。そのため、ミシガン・ミッションは、USCARが財政援助を打ち切る一九六八年まで継続したものの、五〇年代のような発展を琉大に促すことはなかったのである。そして、アメリカに代わって一九六〇年代の沖縄高等教育の支援に名乗りを上げるのは、沖縄社会への援助投資を拡大していた日本であった。

2　ケネディ政権と日本の対沖援助問題

一九六〇年一〇月、後の駐日大使であるライシャワー教授（ハーバード大学）は、『フォーリン・アフェアーズ』誌で「損なわれた対話（Broken Dialogue）」と題する論文を発表し、日本国内の親米的ではない知識人や団体とも対話を重ねる必要性を説いた[42]。ライシャワー論文は一九六〇年の安保闘争を受けての論考であったが、沖縄の教育問題を考える上でも示唆に富むものであった。ＵＳＣＡＲは沖縄の戦後教育の発展と民主教育の定着を喧伝する一方で、沖縄の人々の評価については、大きな関心を寄せていなかった。だが、当時の沖縄教育の状況は、ＵＳＣＡＲのプロパガンダ雑誌の称賛とは対照的に、教職員の給与や社会保障、高等教育に進む生徒数といった様々な指標で日本最下位を記録していた[43]。沖縄教職員会は、教育環境の改善が見込まれないため、義務教育費等国庫負担要求運動を展開し、教育行政権だけでも日本に早期返還すべきとの立場を表明していた[44]。基地関連問題に加え、日沖の生活教育水準の差は、沖縄の教育関係者を日本返還に駆り立てる強い動機であった。沖縄教職員会が中心となった日本国旗の掲揚運動や教育四法（教育基本法、教育委員会法、学校教育法、社会教育法）制定へ向けた運動もまた、ＵＳＣＡＲ教育行政への不満が具体的な行動として現れたものであった[45]。

このような沖縄社会問題は、日米両政府にとっても重要な政治問題であった。ケネディ政権は

「高度経済成長期」を迎える日本を「イコール・パートナー」と形容し、自由主義陣営での負担や地域安全保障への責任の増加を期待した。対等な関係性の演出にはまた、日本国内の反米感情の軽減と自由主義陣営への一層の関与を促す意図も隠れていた。[46]ケネディ政権は、沖縄でもアメリカの経済的負担を減らし、その分を日本政府の援助で補塡する利点を認識していた。他方でアメリカ政府は安保闘争の後、日本政府が基地問題では慎重にならざるを得ないと分析しており、沖縄をめぐる問題の複雑性も理解していた。[47]そのため、ケネディ大統領は、一九六一年六月の池田勇人首相との会談で、「アメリカが琉球人民の安寧と福祉を増進するために一層の努力を払う」と発言した後、沖縄問題の再検討のためタスクフォースの結成を命じたのである。[48]約一か月後に提出された報告書によれば、アメリカが沖縄で達成すべき目標は、①沖縄の基地の継続的使用、②日本との友好関係の維持、③琉球諸島の人々に対するアメリカの責任の履行の三点であった。[49]翌年三月に大統領が行った沖縄政策に関する施政方針演説には、タスクフォースの影響が反映されていた。ケネディは声明の中で、アジア諸国の安全保障における沖縄の軍事基地の重要性に言及する一方で、日本にとって沖縄問題の重要性に理解を示し、沖縄に関する問題について、日本政府と速やかに討議すると言明したのである。[50]

ケネディ政権の沖縄政策に関する日本政府の要望は、沖縄住民の生活水準を向上させることであった。日本の安全保障における沖縄の重要性を理解する池田は、ケネディへの施政方針を受け、基地問題には意図的に言及せずに「沖縄の人々は日本人である」と述べ、沖縄返還までアメリカと緊密な協力関係を持続することが、アメリカの国益に適うことを言明し、沖縄の経済社会問題における日本政府の影響力の拡大を示唆したのである。[51] 池田の声明は、六三年度の対沖予算として二五〇〇万ドルを申請したにもかかわらず、議会によって半額以下の一二〇〇万ドルに抑えられたケネディにとっても望ましいものであった。[52] 琉球政府内でも沖縄の諸問題を日米両政府で協力して解決することを望む声が上がっていた。琉球政府行政主席の大田政作は、キャラウェイ高等弁務官に対し、「日米琉懇話会」という機関の設置を打診し、日米両国の協力体制の制度化を図ったのである。[53]

日米首脳が沖縄社会での日本の影響力拡大を容認する中、ＵＳＣＡＲは沖縄社会における日本の影響力拡大に反対の立場を固持していた。キャラウェイは、大統領の施政方針演説の直前に高等弁務官の「絶対的権限」について言明しており、演説の骨子が沖縄基地の戦略的重要性にあるとの見解を維持していた。[54] 東アジアの緊張状態が軽減するまで沖縄の統治権を譲渡するべきではないと考えるキャラウェイは、当然ながら「日米琉懇話会」構想にも反対であった。[55] さらに、キャラウェイは、日本を同盟国として完全に信用できず、再軍事化する可能性のある日本への抑止力として、沖縄を維持する必要性を、私見として考えていたのである。[56]

キャラウェイの本心が、ケネディ政権の施政演説とは反対に「離日政策」にあることは、やがて政府高官にも知れ渡っていった。[57] キャラウェイが陸軍省に提出した一九六二年九月から翌年八月までの報告書は、日本側との経済協力問題についての言及がなく、米琉親善の進捗状況という従来の指針から沖縄の経済社会問題を論じており、「高等弁務官が自身の政策を推し進め、タスクフォースの提言を無視したもの」との印象を国務省側に与えるものであった。[58] 日本の沖縄援助を差し止めるキャラウェイの存在を、最も懸念した一人は、ライシャワー大使であった。ライシャワーはディーン・ラスク（David Dean Rusk）国務長官への報告の中で、日米両政府の相互理解は深まっているが、沖縄の人々は置き去りになっていると指摘し、沖縄住民とUSCARの対立を危惧した。[59] ライシャワーの考えでは、基地使用の前提として、アメリカは日沖双方との安定した関係性の構築が必要であり、沖縄への日本の経済的関与の増加は、日沖との関係改善の第一歩であった。ところが、実際のUSCARの活動は、大使の期待とは正反対の結果に終わっていた。日本の新聞各紙は、日米両政府の間で「沖縄の人々の福利向上に努める」との合意が形成されたにもかかわらず、ケネディの施政方針通りに進んでいないと報じ、キャラウェイ施政への不信感を露わにしていた。[60] 復帰協の集会では「法の下の平等」や「法の適正手続き」を欠いたUSCAR布令や布告による市民権の侵害が主要な議題に挙がっており、安定した米沖関係とは程遠い状況が再確認された。[61] 沖縄から日本への渡航制限は、数あるUSCARの市民権侵害の中で、「離日政策」を強く印象付けるものであった。[62] 琉大学生からも、「離日政策」への反発が生じていた。例えば、憲法問題研究会は、「異民族支配下で基本的人権さえ認められない現状への怒り」から発足したものであった。[63] このような状況下では、沖縄県民のケネディ政権への期待感は長続きせず、ライシャワーが推奨するアプローチが機能する余地はなかった。[64] 沖縄住民の中には「琉球人民の安寧と福祉を増進するために一層の努力を払う」とのケネディ声明を、復帰問題を中心とする政治問題を避けるための詭弁とみる見方が強まっていた。[65] 住民の不信感は、ベトナムとラオス情勢により、補給基地としての沖縄の重要性が高まりつつある当時の時代状況に即したものでもあった。[66] 結局、キャラウェイ施政は、沖縄県内の自治後退に対する危機感を強め、即時復帰への機運を高めることになったのである。

3　教育行政権と沖縄返還交渉

一九六五年八月一九日、沖縄を訪問した佐藤栄作首相は、那覇空港での歓迎式にて「沖縄の祖国復帰が実現しない限り、わが国にとって戦後が終わっていない」と述べ、沖縄問題に対する決意を明らかにした。[67] 復帰協加盟団体は、佐藤訪沖に際し、「抗議」と「歓迎」に分かれて行動した。[68] 一部の琉大学生は、基地問題解決に二の足を踏む日本政府に対し、抗議のデモを行った。沖縄教職員会は、教育支援を求める機会と捉え、日本復帰を「請願」した。[69] 復帰問題への関心はジョンソン（Lyndon B. Johnson）政権内でも高まっていた。前年八月にキャラウェイを退任させたジョンソン政権内では、国務省と国防総省合同での施政権返還問題での検討が進められていった。[70] 国防総省内でも、沖縄施政権問題に対する意見は分かれ、JCSが施政権返還による今後のベトナムを含めた軍事作戦への影響を危惧する一方で、ロバート・マクナマラ（Robert S. McNamara）国防長官は、沖縄返還を梃子に日本の負担増加を検討していた。[71] 実際に日本の沖縄への援助額は、佐藤訪沖後から大幅に増え、六六年には前年の四割増しの五九〇万ドル、翌年にはその二倍となり、アメリカの援助額を上回ったのである。[72]

沖縄の人々は年々増加する日本の対沖援助を歓迎する一方で、USCARの反応を懸念していた。佐藤首相は、那覇空港で沖縄問題の解決への決意表明を行った同日、「琉球大学に医学部を創設する」との声明も発表していた。[73] この「佐藤発言」は、琉大やUSCARとの事前相談もなく、沖縄訪問中の飛行機内での首相の沖縄問題特別顧問を務めた大濱信泉との会話から生まれたものであり、施政権問題への干渉を嫌うキャラウェイ施政下なら、進展のないまま口約束になる可能性が高かった。しかし、キャラウェイの後任であるアルバート・ワトソン（Albert Watson II）高等弁務官は、前任者よりも現実的であり、日本の財政援助を沖縄教育の発展に役立てることを容認したのである。[74]

前任者が残した「混迷した事態の改善」に努めるワトソン高等弁務官には、米沖双方からの期待が集まっていた。ワトソンは、日本政府の対沖縄援助問題に積極的に取り組むだけでなく、「沖縄住民の心をつかむ」ため、住民自治の拡大にも一定の理解を示し、立法院への関与を抑えるなどの配慮を示していた。[75] 国務省は、キャラウェイ施政下で損なわれたアメリカ大使館、日本政府、沖縄県民との関係改善がワトソンの統治時代で達成され、最終的には軍事基地問題と施政権問題の個別解決に結びつくことを期待した。[76]

だが、ワトソン統治にも限界があった。ワトソンの行動原理もまた歴代の高等弁務官と同様、基地の安定的使用の下での自治権拡大という前提から逸脱したものではなかった。さらに、ベトナム戦争の勃発により沖縄基地の戦略的重要性が高まる状況では、ワトソンが施政権問題で譲歩を示す余地も少なくならざるを得なかった。ワトソンは一九六五年四月、ハワイでの会見で、「沖縄と日本国内でかなり多くの者が『基地と施政権の分離』というスローガンを支持している」と述べた後、「どのようにこれ（基地と施政権の分離という方法）が（日米安全保障）条約が定めるアメリカの沖縄での（軍事）使用能力を著しく損なうことなく達成できるのか、私は説得力があり信頼できる説明を受けたことは一度もない」と言明し、ベトナム問題を抱える現状は、施政権返還を考慮するのに適切な時期でないことを強調したのである[77]。ワトソンはまた、ジョンソン大統領と佐藤首相もまた自分と同意見であろうとコメントし、本土と沖縄で高まる施政権返還要求を牽制したのである[78]。

しかし、実際の日米両政府は、施政権問題解決に向けて動き始めていた。佐藤首相は六五年一月の訪米の時点で、米軍基地の重要性と同時に沖縄住民の自治権問題に関する日本国民の関心の高まりをアメリカ政府側に伝達していた。これを受けたジョンソン政権もまた「日米協議委員会の拡大」で対応する姿勢を見せたのである[79]。ベトナム戦争と沖縄基地使用問題に関する日本国内の世論の高まりもまた、施政権問題に関するアメリカ政府の考えを軟化させる一因となった[80]。国務省のリチャード・スナイダー（Richard L. Sneider）日本部長と国防総省のモートン・ハルペリン（Morton H. Halperin）国防次官補代理を中心とするグループは、日米安保条約の安定化のため、沖縄の日本返還に向けた備えを進めていった。今後の日本との交渉に先立ち、施政権返還と沖縄基地の持続的使用を協議する合同グループが必要との見解は、ラスク国務長官とマクナマラ国防長官といった政権首脳陣の間にも共有されたのである[81]。

同時期、外務省の北米課や総理府では、沖縄施政権の全面返還だけでなく、部分的な行政権の返還についても議論が行われていた。一九六六年八月、佐藤首相は総理府総務長官の森清を派遣し、ワトソン高等弁務官との教育行政権の返還について協議を行った。佐藤政権にとって教育行政権は、沖縄側からの返還要請が高い一方で、基地問題と直接関係がなく、その上アメリカ政府との政治的摩擦の生じる余地が少ない分野であった。沖縄の教育分野は、これら政治的理由だけでなく、日米の教育援助投資の比率逆転や日沖の教育専門家の交流を通じた相互理解が進んでおり、行政権返還に伴う事務的な側面でも、比較的スムーズな移行が可能と考えられていた。[82] 琉球政府も教育行政問題を検討する特別委員会を立ち上げ、返還への準備を進めていった。[83]

興味深いのは、自治権拡大に寛容で知られるワトソン高等弁務官が、日本への教育権返還が沖縄社会に与える悪影響を危惧していたことであった。六五年一〇月、沖縄を訪問したミシガン州立大学学長ジョン・ハンナと会見したワトソンは、沖縄の教育権問題に対し、ニューヨークタイムス紙記者とのインタビューで「アメリカ政府は琉球諸島のいかなる行政権の放棄をも現在または近い将来ともに意図していない」と言明したとハンナに告げた後、教育行政権返還が琉大に与える影響についてハンナの意見を尋ねた。[84] ハンナは、琉大でのランドグラント大学の教育理念の定着が不十分であり、「ヒトラー」のような危険思想の人物が教育制度を掌握すれば、その人物の意のままになると指摘し、戦前の軍国主義的な教育思想への危険性を示唆した。[85] ワトソンはハンナの見解に賛意を示し、医学部創設など費用面での日本の援助は望ましい一方で、ランドグラント大学の理念が、琉大学生の間に根付く前に、教育行政を日本に委ねるのは誤りだとの考えを述べたのである。ハンナとワトソンの見解では、日本の教育制度は非常に官僚主義的であり、反米的な政治指導者が沖縄の学校制度を掌握する可能性があった。両者の懸念の背景には、一九六六年の琉球大学の琉球政府立大学化があった。アメリカ政府が、USCARから琉球政府への琉大移管を決定した要因は、沖縄住民の自治権拡大の要望や、アメリカ側の財政負担削減であった[86]。これに対し、ハンナとワトソンは反共親米を目的としたミシガン・ミッションが、いまだにその目的を達成できていない点を重視したのである。

教育行政権返還をめぐるUSCARから日本側への不信感は、一九六七年初頭に佐藤首相が、教育分野だけの部分的返還の可能性を否定することで、弱まるかと思われた。しかし、日本政府が分離返還を撤回したのは、分離返還が全面返還の棚上げにつながることを不安視する沖縄県内の感情に鑑みた結果であり、教育行政権の返還を諦めたわけではなかった[87]。翌年一月の総選挙で勝利を収め国内基盤が安定した佐藤政権内では、一九七〇年の日米安保条約の改定までの沖縄問題解決が、意識されるようになったのである[88]。沖縄県内でも、経済、報道、学界を中心とした地元名士からなる復帰問題研究会が結成され、沖縄返還に向けて検討が重ねられていた。復帰問題研究会もまた、一九七〇年前後の沖縄返還を予測していた[89]。

沖縄返還の大まかな日程が公になったのは、一九六七年一一月一五日のジョンソン・佐藤共同コミュニケであった。声明によれば、アメリカを訪問した佐藤首相は、ジョンソン大統領との会談において、「(日米)両国政府がここ両三年内に双方の満足しうる返還の時期につき合意すべきであることを強調」し、ジョンソン大統領が「(琉球)諸島の本土復帰に対する日本国民の要望は、十分理解している」と返答したとのことであった。[90] 実際の沖縄返還までには、六八年の大統領選挙、ベトナム戦争、返還後の基地の様態といった多くの不確定要素が残されていたため、佐藤政権が希望する「両三年」では足りず、一九七二年五月一五日までの四年と一八二日が必要であった。だが、日米政府首脳が返還交渉の主題である沖縄基地の「核抜き・本土並み」問題に精力を注ぎ、六九年一一月二一日の佐藤首相とニクソン(Richard M. Nixon)大統領の共同声明において、七二年の沖縄返還が公表されるまでの間、教育分野をはじめとする日沖の制度統一調整作業は継続し、日本返還に向けた準備が着実に進んでいた。[91]

一九六八年三月、日本政府、アメリカ政府、琉球政府は、日沖一体化促進のため高等弁務官諮問機関である日米琉諮問委員会を設置し、高瀬侍郎を日本代表に、ローレンス・バース(Laurence C. Vass)をアメリカ代表に、瀬長浩を沖縄代表にそれぞれ任命した。[92] 諮問委員会は、七〇年五月までに四七項目の勧告を出し、沖縄占領下の沖縄経済社会問題について、多くの言及を行った。これらの勧告には、日米の沖縄統治に関する認識の違いが明確に表れていた。日本側は、沖縄の戦後復興と基地経済による地域発展を強調するアメリカ側に対し、統一前に改善すべき多くの社会問題を指摘したのである。[93] 例えば、児童福祉に対する報告書によれば、法令的には日本と沖縄の児童福祉には類似点が多いにもかかわらず、「沖縄は日本に比べて、遥かに遅れた」質の低い福祉を提供していると指摘していた。[94]

日本側は教育分野もまた日沖の統一の障害との認識を有していた。一九六八年九月のワトソンの後任であるフェルディナンド・アンガー（Ferdinand T. Unger）高等弁務官宛ての勧告は、沖縄が発展途上国社会であり、高等学校レベルの施設が不足していると指摘し、「沖縄の高校進学問題の早期解決と中高教育（の水準）を日本と同等レベルまで引き上げる計画が必要」との結論に達していた。[95] 別の報告書では、占領初期から沖縄教職員会が指摘していた日沖の教員給与格差の問題も指摘されていた。[96] さらに、諮問委員会の教育に対する厳しい指摘は、琉大にも及んでいた。報告書によれば、「(琉大は）教育施設、備品、学術研究指導、教育の質で、相当遅れて」おり、日本と沖縄の教育的格差と教育政策を統合するため、「琉球大学の迅速な強化促進が必要」であった。[97] 諮問委員会の報告書は、高度経済成長を迎えた日本の大学が、USCARとミシガン州立大学が五〇年代に促進した琉大の教育水準を、大幅に上回ることを明確に示すものであった。

アンガー高等弁務官（沖縄県公文書館提供）

4　ミシガン・ミッションの終焉と冷戦教育の功罪

一九六六年一一月、ワトソンの後任となったアンガー高等弁務官は、前任者と同様、基地使用権については一切譲歩する姿勢を崩さぬ一方、沖縄返還に向けた制度調整に賛同的であった(98)。六七年初頭に「琉球政府の自治拡大という目標達成のため、私はあなた方（沖縄の人々）と最大限の協力を約束する」との声明を発表したアンガーは、ジョンソン・佐藤共同コミュニケを受け、両首脳の声明を日沖の人々の願いと日本、アメリカ、そしてアジアの安全保障問題を調和するものだと形容したのである(99)。

占領政策の一環であったミシガン・ミッションもまた、沖縄返還が現実味を帯びる中で、終焉を迎えつつあった。例えば、アメリカ陸軍は、ミシガン州立大学が琉大の新キャンパス計画に合わせ、USCARとの一九六七年から六九年度までの複数年度の一括契約を求めたのに対し、適切な財政支出が必要との理由を挙げ、一年毎の契約に固執していった。ミシガン州立大学側は、複数年度から一年毎の契約への変更に不信感を募らせながらも、六七年度の契約を更新していた(100)。さらに、ミシガン州立大学国際交流事務局からミッション最後の団長を務めたフォレスト・アーランドソン（Forrest Erlandson）宛ての書簡によれば、沖縄県内には、高等教育支援に関してハワイ大学を推す声が高まり、琉大からも「ミシガン州立大学以外の客員教授を雇うことは可能か問い合わせ」が出始めていた。[101]

興味深いのは、ＵＳＣＡＲの琉大統治に不満を抱いていたミシガン・ミッションの団員達が、ランドグラント大学教育を沖縄に定着させるため、日本返還に反感を示したことであった。一部のミッションの団員達は、ＵＳＣＡＲから琉球政府への琉大の移管措置を大学教員の質の低下につながると判断し、否定的な見解を示した。公開講座顧問であったハロルド・フォスター（Harold J. Foster）は、ランドグラント大学制度を沖縄の人々はいまだ理解していないと指摘し、ミシガン・ミッションの成果が失われることを危惧したのである。[102] 団員達の不安は、教職員の政治行動の制限や勤務評定の導入といった教職員の権利を制限する教公二法案（地方教育区公務員法、教育公務員特例法）をめぐる保守の民主党と沖縄教職員会の対立激化に伴い、高まっていた。団員の中には、琉球政府が学問の自由を制限する可能性に言及する者もいたのである。

だが、ミシガン・ミッションの団員達には、もはや今後の沖縄高等教育に関与する余地はなかった。一九六八年初頭、アメリカ陸軍省は、ミシガン州立大学との琉球大学支援事業に関する契約更新の停止を、ハンナ学長に通達した。今後二年間の活動内容を計画し、琉大新キャンパスの設計のための専門家派遣や琉大からの教員受け入れの準備を進めていたハンナにとって、突然の中止要請はまさに青天の霹靂であった。アンガーはハンナへの書簡において、ミシガン州立大学の長年にわたる功績を称える一方で、琉球大学支援事業の中止が財政的な理由によるものと説明し、理解を求めた。陸軍省によれば、返還後の沖縄で大学間協定を継続するよりも、客員教授の形式でアメリカの教職員を琉大に派遣した方が、学術支援の費用対効果が高いはずであった[103]。ハンナは、アンガーへの返信の中で、ミシガン州立大学が推奨した計画をアメリカ陸軍省は実行していないと記し、自身の不満を吐露したが、陸軍省の決定を覆すことはできなかった[104]。琉球政府からやがて日本政府の管轄下に置かれる琉球大学を陸軍省が支援する理由が既に存在しないからである。

最後のミシガン・ミッション団員であった電気工学の専門家デニス・カージャラー（Dennis S. Karjala）は、ミッション打ち切りを聞き、USCAR教育部宛ての親書を送り、ミシガン州立大学と琉球大学が安定した関係を築くまで琉大支援の継続を求めたものの、ゴードン・ワーナー（Gordon Warner）教育部長から好意的な返信を受け取ることはなかった[105]。結局、琉大教職員の在米研究は、アメリカ保健教育福祉省（United States Secretary of Health, Education, and Welfare）の管轄下に置かれた。琉大での教育支援や在外研究の任につくのは、もはやミシガン州立大学ではなく、様々な大学から琉大へ招聘されたアメリカ人教員達であった[106]。

琉球大学とミシガン州立大学の関係は、沖縄返還に伴う琉大の公立大学化の後も交換留学制度を通じて小規模ながら継続していった。だが、ミシガン・ミッションの終了は、「一つの時代の終わり」を告げるものであった[107]。ミシガン州立大学は、一八年間の琉球大学支援事業の間に五八名の専門家を琉大に派遣し、逆に琉大からアメリカに派遣された大半の教員の研修や教育を引き受けた。この間、琉球大学は、着実に発展した。五一年には約三〇名ほどであった教員数は、六八年までに二三八名に達していた。琉大の卒業生は、六八年までに六五〇〇名に達し、その約半数が教職に就いた。[108] ゆえにミシガン・ミッションが、戦争で荒廃した教育制度の復興と発展に多大な貢献を果たしたのは明らかであった。

だが、琉大支援事業は、琉米親善の促進や親米エリートの養成といった冷戦下の軍事占領政策を前提とした目標も有しており、これらの点では、大きな成果を得ることはできなかった。一九八一年に刊行された琉球大学三〇周年記念誌は、占領下の大学教育への総括として、大学自体は、USCAR、琉球政府、その他機関の協力の下、大きな発展を遂げたものの、USCARは軍事活動を優先し、沖縄住民の安寧や福祉は二の次であったと記した。[109]

ただし、当のUSCARは、琉大側の不満を最後まで適切に理解することができなかった。アンガーは、退役後の陸軍大学での講演の中で、沖縄での経験を振り返り、「どれほど善意を示そうとも、（沖縄の）人々は外国人が自分達を統治するのを望まない」と語り、善意的なアメリカ統治を強調したのである。[110] USCARは二七年間の占領統治を通じて、沖縄での主たる課題が「日本復帰」や「軍事基地」、「安定した生活の確保」であると理解する一方で、アメリカの「絶対的な道徳的優位性」への確信があるゆえに、自分達が沖縄の人々の市民権を侵害しているという認識が不十分であった。[111]

自己批判的な見解の欠如は、ミシガン州立大学側にも言えることであった。一九八六年六月、ライトは琉球大学支援事業について報告を行い、「発展途上の若く、多くの問題を抱える大学を助けること、つまり、これは、彼ら（琉大）を『ランドグラント』（大学）機構として発展させること、しかも同時に何人かの非協力的なＵＳＣＡＲの人々と働きながら、行うことは挑戦的であった」と述べた後、「国際的な大学としてのミシガン州立大学の名声は、若い大学をファーストクラスの機関に変えたこの計画（ミシガン・ミッション）からの恩恵である」と指摘し、ミシガン・ミッションに関わった全ての人々への賛辞を送ったのである。[112]

小括

一九五〇年代前半に、反米的な学生を琉球大学から追放したＵＳＣＡＲは、その後も米琉親善を目的とした教育文化政策の中心に琉大を位置付け、沖縄占領統治の継続を計画していた。だが、ＵＳＣＡＲの思惑とは裏腹に、一九六〇年代の沖縄を取り巻く情勢は、確実に日本返還に向けて進んでいった。沖縄県内では、復帰協が結成されたように日本復帰への機運が高まっていた。琉大内では、キャラウェイ高等弁務官が推し進める離日政策への警戒心も加わり、ＵＳＣＡＲの支配下から離脱するため、琉球政府立大学への移行が検討されていた。琉大当局側は、ＵＳＣＡＲの権力に対抗するため、ミシガン州立大学からの協力も仰いだのである。

沖縄県内での復帰運動の高まりは、ＵＳＣＡＲ以外のアクター達に影響を与えていた。ミシガン・ミッションの団員達は、共産主義勢力の扇動という偏見から離れ始め、自治の拡大要求に対し、一定の理解を示し始めていた。日本政府は、対沖援助額を増加することで、アメリカ政府との沖縄返還交渉への下地を築いていった。基地使用と施政権を一括りの問題と認識していたアメリカ政府は、県内の自治権要求の高まりと沖縄統治の財政負担の軽減に鑑み、基地の安定的利用と日本政府の財政負担の増加を条件に、沖縄返還交渉に応じたのである。

ワトソン高等弁務官とハンナ学長は、ランドグラント大学の理念が琉大に定着していないとの認識を共有し、アメリカ式教育制度の確立が不十分な状況下で、日本政府に教育を委ねることを懸念していたが、日本の影響力を排除することは、もはや不可能であった。対する日本側は、ＵＳＣＡＲの教育政策の現状を、沖縄返還に向けた日沖の制度統一調整作業を通じて理解するにつれ、沖縄の教育水準を可及的速やかに日本の水準に引き上げる必要性に迫られたのである。

アメリカの戦後沖縄文化政策の要であった琉球大学は、ＵＳＣＡＲの教育政策の功罪を最も顕著に示す事例であった。ＵＳＣＡＲが唱える親米的エリート育成やアメリカの支援の下での近代化という目標は、ミシガン州立大学の支援とともに、戦争で荒廃した沖縄に初の大学教育機関をもたらし、沖縄復興の礎となる多くの卒業生を輩出した。その一方で、ＵＳＣＡＲは、自身の権威主義的な教育方針が、琉大内で反感を高め、自治権拡大や本土復帰要求につながったにもかかわらず、「絶対的な道徳的優位性」への確信ゆえに、琉大支援事業を慈善的なアメリカ占領統治の一環とみる認識から離れることができなかったのである。

おわりに

沖縄の返還の前日である一九七二年五月一四日、USCARは、沖縄統治の任務を静かに終えた。二七年間の占領統治の総括を記者から求められたジェームス・ランパート（James B. Lampert）高等弁務官は、「最終的な答えは歴史に委ねられる」と述べる一方で、「成功した統治であったと表明できる統計的データがある」と指摘し、USCARの統治への自信を示した。[1] ランパートの見解は、USCAR全体の総意であった。USCARの最終報告書は、二七年間のアメリカ統治を「並々ならぬ経済成長」を生んだ誇るべき記録と形容し、その輝かしい成果は、「琉球の人々、アメリカ人、日本人が共通の目的に向かって協力することなしに達成することはできなかった」と総括した。[2] 高い自己評価は、教育政策の分野でも顕著であった。同報告書は、アメリカが教育の復興支援のため、「可能な限りの財源で、可能な限り最善の技術と物資を調達した」と記し、文化政策の目的の一つである米琉の親善を強調した。[3] 沖縄返還までにUSCARは、一五三の幼稚園、二四四の小学校、一五二の中学校、四三の高等学校、六つの特殊学校、五つの短期大学、三つの大学建設に尽力し、総支出額は五〇〇〇万ドルに達した。

教育分野は、長期化するアメリカ沖縄統治の中で、確かに「緊急要請的なものから、将来を見据えた制度化が進められ」、アメリカ陸軍省の管理下という制約の下、終戦直後に比べれば、遥かに充実したものとなった[4]。戦後初期には、ジェームス・ワトキンスやウィラード・ハンナのような教養が高く、教育や文化の重要性を認識していた民事活動担当の将校達が、沖縄の教育復興に貢献したと言える。ミルトン・ミルダーをはじめとするミシガン・ミッションに携わった教授達の多くもまた、地域社会に奉仕するというランドグラント大学の理念に則り、沖縄社会の復興と発展を牽引した多くの有能な若者達を育成した。琉球大学とミシガン州立大学の関係は、両校の学術交流が現在まで持続していることに鑑みれば、ミシガン州立大学をＵＳＣＡＲの傀儡と断じた一部の批判的な学生達の見解とは、明らかに異なるものであったと言えよう。

ただし、陸軍省の教育政策は、元来、戦略的に重要な拠点である沖縄の恒久的占領を目的とした文化政策の一環であった。それゆえ、沖縄の返還によって、その目標を達成できなかったというのが、沖縄占領期のアメリカによる高等教育政策に対する正しい評価と言える。そもそも、ＵＳＣＡＲの広報・文化政策は、占領統治の正当性を、沖縄住民に説得するどころか、反対に沖縄教職員会をはじめとする多くの市民団体の反発を招き、本土復帰に向けた社会運動の紐帯を固める結果となったのである。ＵＳＣＡＲは、米琉文化センターの設立や広報雑誌の無償配布といった活動を通じて、沖縄住民へのアメリカ文化の普及を試みたものの、本土と沖縄の歴史的、文化的紐帯を弱めることはできなかった[5]。なぜなら、ＵＳＣＡＲの広報・文化政策には、占領する側とされる側の権力関係が、常に反映されたからである。とりわけ、教育分野は、政治経済的に「後進的な沖縄」の

「アメリカ的近代化」という家父長的な特徴が、際立つ領域であった。[6] ミシガン州立大学と琉球大学の関係性を、「養子縁組」と形容する陸軍省が始めたミシガン・ミッションには、当初からアメリカの優位性が、明示されていたと言える。[7]

さらに、占領期のアメリカ高等教育政策には、米ソ文化冷戦の要素も強く反映され、沖縄県内での共産主義勢力の封じ込めと不可分の関係性があった。琉球大学支援事業には、当初から反共親米エリート層の育成という冷戦期特有の政治的意図が明確にあり、冷戦コンセンサスの下、ミシガン州立大学やロックフェラー財団のような、アメリカ国内の高等教育機関や民間財団からの積極的な援助が得られたのである。琉球大学では、ミシガン州立大学教授団の助言の下、高等教育の拡充が、着実に進んでいった。

琉大の学生と教員を対象としたアメリカ留学制度もまた、高等教育を政治的に利用した典型例であった。沖縄返還の時点で、琉球大学に勤めていた五六四名の専任講師の内、一割強の六一名は、アメリカの学位を有する教員であった。[8] USCARは、留学生のアメリカ体験記さえも、文化冷戦の道具として利用した。「文化の多様性」や「政治的自由」、「機会の平等」といったアメリカ政府が喧伝したいテーマが、前面に押し出される形で、『今日の琉球』や『守礼の光』に代表される広報雑誌に掲載された。USCARは、健全なアメリカ式生活様式と民主主義教育を、沖縄住民に印象付けようとしたのである。[9] いわば、占領期における琉球大学支援事業は、共産主義陣営に対するアメリカ的生活の優位性を示す試みであった。

対する沖縄の教職員や琉球大学の学生は、アメリカの掲げる民主主義の理念と制限された大学自治の矛盾点を指摘し、デモを含めた様々な手法で、異議申し立てを行った。だが、USCARだけでなく、ミシガン州立大学の教授団もまた、マッカーシズムの影響力が残る一九五〇年代には、反米的な批判や抵抗を、共産主義者による民衆扇動とみなす冷戦的思考から離れて判断することができなかった。ジェームス・ムーア琉球列島民政副長官が、琉大卒業式の祝辞の中で言明したように、陸軍省が期待したのは、琉球大学がUSCARの管理の下、「反共の堡塁」として機能することであった。(10)

ところが、一九六〇年代に入ると、沖縄を取り巻く情勢は、日本返還に向けて、進んでいった。沖縄県内では、復帰協が発足し、本土復帰に向けた機運はさらに高まっていた。国務省やアメリカ政府内では、沖縄統治の財政負担や、沖縄問題が日米関係に与える悪影響を懸念する見解が強くなり、基地の安定的使用と施政権の保持を不可避とする国防総省の定説は、その正当性を失っていった。(11)日米両政府間の沖縄返還交渉が本格化する中で、日本側への教育行政権の返還により、戦後の高等教育政策の成果が失われることを危惧するのは、ミシガン州立大学学長のジョン・ハンナやアルバート・ワトソン高等弁務官など一部の者だけであった。さらに日本の経済成長に伴う、日米の対沖援助額の比率逆転は、沖縄問題における日本の影響力を強めることになった。沖縄の教職員の間では、USCARから琉球政府への移管や日沖の教育格差の是正のための討議が続いていた。結局、沖縄の人々にとって、占領期の琉球大学は、「植民地大学」の名称が示す通り、アメリカ側が形容する民主教育の実践の場ではなく、占領者と被占領者の権力関係が、反映された空間だったのである。

あとがき

本書は、ミシガン州立大学大学院歴史学部に提出した博士論文 "SCHOOLING FOR DEMOCRACY?: THE CULTURAL DIPLOMACY OF EDUCATION IN OKINAWA, 1945-1972"(二〇一八年五月Ph. D. 取得)をもとに、大幅な修正を加えたものである。第1章の一部は、"Narratives of the Early Stage of American Occupation in Okinawa," *Japan Studies Review* Vol. 22 (2018)、第2章と第3章の一部は、"Schooling for Democracy?: Michigan State University and Cold War Education in American-Occupied Okinawa in the 1950s," *Virginia Review of Asian Studies* Vol. 15 (2015) を、初出としている。

浅学菲才の著者が、本書を完成するまでには、実に多くの方々のご教授とご助力をいただいた。立教大学、ケント州立大学、ミシガン州立大学の三つの大学院を渡り歩いた著者は、幸運にも全ての大学院で学問的・人間的にも心から尊敬できる先生方のご指導を賜ることになった。まず、立教大学大学院法学研究科に入学して以来、ご指導をいただいている佐々木卓也先生に御礼申し上げたい。佐々木先生は、アメリカ外交のいろはもわからぬ著者に、方法論から史料解釈に至るまで無数のご助言をくださった。先生の研究室で行われた個別指導がなければ、今日著者が研究者としての日々を送ることはできなかった。先生はまた、アメリカ留学を強く薦めてくださった。先生のご支援がなければ、アメリカで学位を取得することは、夢のままで終わっていたはずである。本書が、先生から頂いたあまりに大きい学恩に対し、わずかでも報いることになるのであれば、これ以上ない幸せである。

ケント州立大学では、メアリー・アン・ハイス先生の下で研究を進める幸運に恵まれた。ハイス先生は、当時大学院プログラムの責任者を兼務され、非常にご多忙であったにもかかわらず、毎週のように文化冷戦史に関する質問を携え、先生の研究室を訪ねる著者を、常に笑顔で迎え入れてくださった。また、先生の研究室には、アメリカ国際関係論を専攻する院生が集まり、毎回、多くのことを学びえた。著者の拙い英語での質問にも真摯に答えてくださった先輩方にも心よりの御礼を申し上げたい。

ミシガン州立大学では、清水さゆり先生のご指導を賜る機会に恵まれた。日米関係のみならず、現代アメリカ政治外交全般に精通された清水先生の見識には、圧倒されるばかりであった。歴史学部の大学院生内では、その学識だけでなく人格者としても知られる先生は、著者の研究だけでなく、極寒のミシガンでの生活に関しても、常に気にかけてくださった。アメリカでの厳しい大学院生活で、大きな困難に直面した時期、親身になって相談に乗ってくださった清水先生には、感謝の言葉もない。

清水先生がライス大学に移られた後、ミシガン州立大学ではマイケル・スタム先生が指導教官をお引き受けくださった。スタム先生は、大学院の運営委員の仕事も兼務され、ご多忙にもかかわらず、博士論文の草稿を何度も通読していただき、多くの有益なコメントをくださった。「アメリカの高等教育支援政策は、冷戦という文脈の中で、どのような役割を果たしたのか？」という先生のご指摘は、本書の問題意識の一つを形成している。

ミシガン州立大学ではまた、チャールズ・キース先生、アミンダ・スミス先生、そしてシドニー・ルー先生が博士論文の副査を引き受けてくださった。東南アジア研究がご専門のキース先生は、ミシガン州立大学の南ベトナム支援計画に関する研究プロジェクトを主宰されており、南ベトナムと沖縄の比較史の視点から、貴重なコメントをいただいた。中国現代史がご専門であるスミス先生は、社会主義陣営の側からみた近代化政策に関して、ご教授いただいた。東アジア移民史がご専門のルー先生は、沖縄占領期をアメリカの側からのみ捉えようとする筆者に対し、日本側からの視点を加えることの重要性を指摘していただいた。学問の奥深さを教えていただいた先生方に心から感謝申し上げたい。

本書を刊行するまでに、アメリカ夏季研究セミナー、国際政治学会、アメリカ研究振興会、立教政治学研究会など様々な場で、報告の機会をいただき、諸先生から貴重なコメントを頂戴した。ライアン・アーウィン先生、安藤裕介先生、飯田健先生、井形彬先生、小川有美先生、小川忠先生、小田悠生先生、小野沢透先生、ヘレン・カイバラ先生、キース・カマチョ先生、上英明先生、川上耕平先生、川崎修先生、倉科一希先生、倉田徹先生、孫斉庸先生、竹中千春先生、玉置敦彦先生、土屋由香先生、西崎文子先生、西山隆行先生、ブライアン・ハヤシ先生、原田久先生、藤岡真樹先生、松浦正孝先生、松田宏一郎先生、三牧聖子先生、吉次公介先生、サルヴァドール・サンティーノ・レジルメ先生をはじめ、これまでご助言を賜った多くの方々に厚く御礼申し上げたい。

また、研究を進める過程で、立教大学学術推進特別重点資金（立教SFR）、文部科学省科学研究費（16H07258）の支援を受けた。これらの支援がなければ、アメリカ国立公文書館、ロックフェラー・アーカイブ・センター、沖縄県公文書館での十分な史料調査は、行えなかった。関係各位に謝意を示したい。

本書の構想は、松下幸之助記念財団研究助成を得て、琉球大学国際沖縄研究所で実施した在外研究中に固まった。素晴らしい研究環境を与えてくださった、我部政明先生、藤田陽子先生、宜野座綾乃先生と研究所のスタッフの方々にも謝意を示したい。

留学以来、約一〇年ぶりに奉職した立教大学法学部は、以前と変わらず知的刺激に富んだ素晴らしい職場である。懸命に修士・博士論文に取り組む後輩の存在は、著者に初心を思い出させてくれる。また、同世代の助教の先生方からも多くの刺激と励ましをいただいている。中井遼先生（現北九州市立大学）、高鉄雄先生（現韓国大法院）、永見瑞木先生（現大阪府立大学）、三代川邦夫先生、若狭彰室先生、網谷壮介先生、田頭慎一郎先生、森悠一郎先生、そして白鳥潤一郎先生（現放送大学）にも感謝を捧げたい。とりわけ、白鳥先生には、本書の構想について相談に乗っていただいただけでなく、吉田書店の吉田真也氏をご紹介いただいた。記して感謝したい。

本書を出版するに当たっては、吉田氏より格別の御高配を賜った。昨今の厳しい出版情勢の中、若輩研究者の書籍公刊に向けてご尽力くださった吉田氏に、御礼申し上げる。

なお、本書の刊行に際して、立教大学出版助成金を得ることができた。お忙しい中、審査にあたられた委員の先生方に感謝申し上げる。

最後に私事になるが、大学を卒業してから長きにわたる大学院生活を支えてくれた家族に感謝の意を表したい。病床で息子の身を最後まで案じてくれた父、肇、そして父の病死により、留学を諦めかけた私を後押ししてくれた母、道子と兄、慶に本書を捧げることをお許しいただきたい。

二〇一九年一月

溝口 聡

Historical Collections, Michigan State University Library, East Lansing; 山里勝己『琉大物語　1947-1972』（琉球新報社、2010年）、165頁。

(8) その内、博士号取得者は10名、修士号取得者は、48名、学士号取得者は3名であった。Office of the High Commissioner of the Ryukyu Islands, The Final Civil Affairs Report, 82.

(9) 鹿野政直「「今日の琉球」をとおして見た在沖縄アメリカ軍の文化政策」『日本歴史』375号、1979年、5-7頁、『今日の琉球』3巻10号、1959年10月、3、14-15頁、『今日の琉球』5巻9号、1961年9月、28-29頁。

(10) Civil Affairs Activities in the Ryukyu Islands, Vol.5, No.1, 92.

(11) 実際にアメリカ政府は、沖縄返還によって、毎年約2000万ドルのUSCAR運営費と約3500万ドルの人件費を削減することができた。Committee on Foreign Relations. Senate, Okinawa Reversion Treaty, Oct. 27-29, 1971, 44. 51.

(104) From President John A. Hannah to Lieutenant General F. T. Unger, March 5, ibid.

(105) MSU Program on Okinawa, September 1966-1968, Dennis S. Karjala Electrical Engneering, Karl T. Wright Papers, Box 5808, Folder 6, op. cit.

(106) Civil Administration of the Ryukyu Islands, Vol. 17, 166; International Studies, Office of Education, Department of Health, Education, and Welfare, 1963-1969: Official History and Documents, Part I: History, Folder: 002268-003-0160.

(107) 琉球大学開学60周年記念誌編集委員会編『国立大学法人琉球大学60年誌』(琉球大学、2010年)、32頁。

(108) 山里、前掲書、222-223頁。

(109) 琉球大学開学30周年記念誌編集委員会編『琉球大学三十年』(琉球大学、1981年)、59頁。

(110) Sarantakes, op. cit., 153.

(111) Okinawa Public Opinion Survey, December 1958, RG306 Country Project File Japan 1958, Box 63, National Archives II, College Park; Okinawa Islands Public Opinion Survey August 1969, RG260 Records of Former Advisory Committee to the High Commissioner, Box 3.

(112) Michigan State University and the University of the Ryukyus 1951-1986, Karl T. Wright Papers, Box 5808, Folder 6, op. cit.

おわりに

(1) *Pacific Stars and Stripes*, May 14, 1972.

(2) Office of the High Commissioner of the Ryukyu Islands, The Final Civil Affairs Report, i-ii.

(3) Ibid., 80.

(4) 国際協力機構沖縄国際センター『沖縄の教育復興経験と平和構築』(国際協力機構沖縄国際センター、2005年)、31頁。

(5) Gregory Henderson ed., *Public Diplomacy and Political Change: Four Case Studies: Okinawa, Peru, Czechoslovakia, Guinea* (New York: Praeger Publishers, 1973), 156.

(6) Hideaki Tobe, "Military Bases and Modernity: An Aspect of Americanization in Okinawa," *Transforming Anthropology*, Vol. 14 No.1 (Apr. 2006), 92-93.

(7) Letter from Frank C. Abott to John A. Hannah, 17 May, 1951. Records of University of Ryukyu Project, Box 279, Folder 44. University Archives &

(91)「佐藤栄作総理大臣とリチャード・M・ニクソン大統領との間の共同声明」『わが外交の近況』第14号、1970年、http://www.mofa.go.jp/mofaj/gaiko/bluebook/1970/s44-3-1-3.htm#a6.

(92) A Report by the Advisory Committee of the High Commissioner of the Ryukyu Island on Its Progress During the Period 1 March 1968 to 16 October 1968, RG260 Records of the Former Advisory Committee to the High Commissioner, Box 3.

(93) Remarks Prepared for Delivery by Laurence C. Vass, Chairman, Advisory Committee for the High Commissioner of the Ryukyu Islands, September 17, 1968, 日米琉諮問委員会, A3007-1。

(94) Recommendation for the High Commissioner of the Ryukyu Islands, Subject: Improvement and Strengthening of Child Welfare Measure, September 24, 1968, ibid.

(95) Memorandum for the High Commissioner of the Ryukyu Islands, Subject: Expansion of Upper-Secondary Education, September 11, 1968, ibid.

(96) Memorandum for the High Commissioner of the Ryukyu Islands, Subject: Progress Report for March 1 1968 to June 28 1968, RG260 Records of the Former Advisory Committee to the High Commissioner, Box 4.

(97) Memorandum for the High Commissioner of the Ryukyu Islands, Subject: Strengthening the University of Ryukyus, August 21, 1968, 日米琉諮問委員会, A3007-1。

(98) 大田、前掲書、369、376頁。

(99) High Commissioner's Message to the Legislature, February 3, 1967, 在沖米側要人記者会見講演、A3007-1; Opening Statement Prepared for Delivery at News Conference by High Commissioner F.T. Unger, December 17, 1967, ibid.

(100) Contract No. DAHC 15-68-C-0057, Records of University of Ryukyu Project, Box 273, Folder 10; A Letter from Leonard C. Shea Director, International and Civil Affairs to Howard G. Grider Michigan State University, May 7, 1968, ibid.

(101) A Letter from Miller O. Perry to Forrest Erlandson, July 27, 1967, ibid., Box 281, Folder 3.

(102) End of Tour Report of the Extension Service Consultant to the University of the Ryukyus, John A. Hannah Papers, Box 43, Folder 39.

(103) From Unger to Hannah, Letter, February 7, 1968, John A. Hannah Papers, Box 43, Folder 40.

(74) Report of Meeting between the High Commissioner and Dr. John A. Hannah, President of Michigan State University, Box 42, Folder 38.
(75) 大田、前掲書、284-285、295頁、宮里政玄「米民政府の沖縄統治政策――1964~1969年」『国際政治』第52号、1975年、53頁。
(76) Letter From the Under Secretary of State for Political Affairs (Johnson) to the Ambassador to Japan (Reischauer), April 12, 1964, *FRUS, 1964-1968*, Vol. 29, 11; James C. Thomson, Jr., of the National Security Council Staff to Bundy, the President's Special Assistant for National Security Affairs, Memorandum, August 21, 1964, ibid., 33.
(77) An Address Prepared for Delivery by the United States High Commissioner of the Ryukyu Islands, April 14, 1965, A3007-1、外交史料館。
(78) Ibid.
(79) 中島、前掲書、31-32頁、「佐藤首相とジョンソン大統領の共同声明」鹿島平和研究所『日本外交主要文書・年表（第2巻）』（原書房、1984年）、542-546頁。
(80) National Intelligence Estimate, November 26, 1965, *FRUS, 1964-68*, Vol. 29, 132.
(81) Letter From Secretary of State Rusk to Secretary of Defense McNamara, September 25, 1965, *FRUS, 1964-68*, Vol. 29, 128; National Intelligence Estimate, November 26, 1965, ibid., 132; 我部政明『沖縄返還とは何だったのか』（日本放送出版協会、2000年）、57-58頁。
(82) 屋良、前掲書、245-248頁。
(83) 沖縄県教育委員会編『沖縄の戦後教育史』（沖縄県教育委員会、1977年）、220-223頁。
(84) Report of President John A. Hannah's Visit to Okinawa and the University of the Ryukyus, October 18, 1965, John A. Hannah Papers, Box 42, Folder 38.
(85) Ibid.
(86) 山里、前掲書、218頁。
(87)「沖縄教育権返還論の二面性」『世界』255号、1967年2月、160頁。
(88) 中島、前掲書、44-45頁、沖縄県教育委員会編『沖縄の戦後教育史』、前掲書、229頁。
(89) 安里源秀「復帰問題研究会の歩み」『復帰問題研究』3号、1969年5月、164頁。
(90) Joint Statement of Japanese Prime Minister Sato and U.S. President Johnson, November 15, 1967, in *Public Papers of the Presidents of the United States: Lyndon B. Johnson* (Washington D.C.: Government Printing Office, 1968), 1033-1037.

(57) Ibid.,125-126.
(58) HICOM's Second Progress Report on Task Force Ryukyus Recommendation, February 17, 1964, Bureau of Far Eastern Affairs, Office of the Assistant Secretary for Far Eastern Affairs & Office of East Asian Affairs, Central File 1947-64 Entry 5315, Lot 66D 225, in 石井修・我部政明・宮里政玄監修『アメリカ合衆国対日政策文書集成　第8期――日米外交防衛問題　1964年第10巻』(柏書房、2001年)、165頁。
(59) Memorandum from Reischauer to the Secretary of State, September 3, 1962, National Security File, Countries Japan. 沖縄県公文書館。
(60) U.S. presence in Okinawa, and dispute with Japan, September 1964, Records of the U.S. Information Agency, Cold War Era Research Reports, Series B: 1964-1982, Folder: 103374-004-0088.
(61) Meeting with Representative of the Reversion Council (*Fukkikyo*) and Co-chairman of 16th December Prefectural People Rally, December 21, 1965, Records of USCAR, Box 105, Folder 1; Resolution Protecting the Deprivation of Civil Rights, ibid.
(62) Travel Request, January 4 and 10, 1961, Record Groups of USCAR, Box 138, Folder 12.
(63) 沖縄タイムス社編『琉大風土記』、前掲書、244頁。
(64) 宮里政玄『アメリカの沖縄統治』(岩波書店、1966年)、212頁。
(65) 沖縄タイムス社編『沖縄年鑑　1962年　復刻版』(日本図書センター、1996年)、71頁、『毎日新聞』、1962年3月10日。
(66) 当時の沖縄では、地対空ミサイルメイスBの発射台建築やナイキ・ハーキュリーズミサイルやホーク・ミサイルの追加配備など補給基地防衛の準備も進められていた。『琉球新報』、1962年3月1日。
(67) 北岡伸一監修／沖縄返還20周年記念行事民間実行委員会編『沖縄返還関係主要年表・資料集』(国際交流基金日米センター、1992年)、453頁。
(68) 屋宜宣仁『沖縄の日本復帰闘争あのころ』(沖縄コロニー印刷所、1985年)、19-21頁。
(69)『沖教職教育新聞』、1965年8月25日。
(70) 櫻澤、前掲書、102、122頁。
(71) Sarantakes, op. cit., 143-144.
(72) Ibid., 139; 沖縄タイムス社編『激動の半世紀――沖縄タイムス社50年史』(沖縄タイムス社、1998年)、149頁、Thomas M. Klein, "The Ryukyus on the Eve of Reversion," *Pacific Affairs* 45 (Spring 1972), 11.
(73) 沖縄タイムス社編『琉大風土記』、前掲書、246頁。

1959-June 1961 Rowland R. Pierson, Karl T. Wright Papers, Box 5808, Folder 6. University Archives and Historical Collections, Michigan State University Library, East Lansing.

(39) MSU Advisory Group Consultant Karl T. Wright to the Dean of International Program, Glen L. Taggart, Records of University of Ryukyu Project, Box 279, Folder 55.

(40) Report from Dr. Hatch, Records of University of Ryukyu Project, Box 280, Folder 18.

(41) 小川、前掲書、225-226頁。

(42) Edwin O. Reischauer, "The Broken Dialogue with Japan," *Foreign Affairs*, (Oct. 1960), 11-26.

(43)『今日の琉球』8巻11号、1964年11月、3-4頁、沖縄県教育委員会編『沖縄の戦後教育史　資料編』（沖縄県教育委員会、1978年）、34、39頁、中島、前掲書、35頁。

(44)『沖教職教育新聞』、1959年4月20日。

(45) 沖縄県教育委員会編『沖縄の戦後教育史　資料編』、前掲書、31-32、35頁、櫻澤、前掲書、85頁。

(46) 吉次公介『池田政権期の日本外交と冷戦』（岩波書店、2009年）、35-36頁、波多野澄雄編『池田・佐藤政権期の日本外交』（ミネルヴァ書房、2004年）、6頁。

(47) Walter LaFeber, *The Clash: U.S.-Japanese Relations throughout History* (New York: W.W. Norton & Company, 1997), 334-335.

(48) 沖縄タイムス社編『沖縄年鑑　1962年　復刻版』（日本図書センター、1996年）、71頁。

(49) National Security Action Memorandum No. 680 (August 11, 1961), *FRUS, 1961-63*, Vol. 22, 704.

(50)「沖縄問題に関して　大統領定例施政方針の件に関して　沖縄住民の権利拡大」A3007-1、外交史料館。

(51) Statement by Secretary of General of the Cabinet regarding the Announcement of the U.S. President on Okinawa Problem, 同上。

(52) Development of the Ryukyu Islands: Hearings before the United States Senate Committee on Armed Services, Eighty-Ninth Congress, Second Session, on June 9, 1966, 8.

(53) 大田、前掲書、222頁。

(54)『読売新聞』、1962年3月1日。

(55)『毎日新聞』、1962年3月4日。

(56) Sarantakes, op. cit., 117.

(21) Michigan State University, 1961 Third Quarter Report Michigan State University Group at the University of Ryukyus, October 1961, 8.
(22) Civil Administration of the Ryukyu Islands, Vol.9 No.1, 173.
(23) Civil Administration of the Ryukyu Islands, Vol. 10, 254.
(24) 比屋根照夫『アメリカ統治と戦後沖縄――異文化の衝撃』科学研究費補助金研究成果報告書、2001 年、46–47 頁、Michigan State University, 1962 Third Quarter Report Michigan State University Group at the University of Ryukyus, October 1962, 10–11.
(25) Civil Administration of the Ryukyu Islands, Vol.12, 185–186.
(26) "Excerpts From Kennedy's Speech Urging US. 'Peace Corps'," *New York Times*, November 3, 1960.
(27) Ralph K. Davidson, "Evolution of the Foundation's University Development Program," November 1972, Rockefeller Foundation, Rockefeller Archive Center, RG 3.2, Series 900, Box 63, Folder 350.
(28) Michigan State University, *1961 First Quarter Report Michigan State University Group at the University of the Ryukyus*, April 1961, 20; 那覇市歴史博物館編『戦後をたどる――「アメリカ世」から「ヤマトの世」へ』(琉球新報社、2007 年)、220 頁、沖縄タイムス社編『琉大風土記』(沖縄タイムス社、1990 年)、232 頁。
(29) Michigan State University, *1961 Second Quarter Report Michigan State University Group at the University of the Ryukyus*, July 1961, 9–10.
(30) 沖縄タイムス社編『沖縄年鑑　1961 年　復刻版』、前掲書、233 頁。
(31) Transcript of Discussion with President Yonamine and Group about Current Educational-Administrative Issues at the University of the Ryukyus, RG319, Box 61, Fol. 29, 61, 72.
(32) 小川、前掲書、228 頁。
(33) A Letter from Glen. L Taggart, Dean International Program to John A. Hannah, President Michigan State University, October 31, 1961, Records of University of Ryukyu Project, Box 277, Folder 55.
(34) 大田昌秀『沖縄の帝王　高等弁務官』(朝日新聞社、1996 年)、210–281 頁。
(35) 山里勝己『琉大物語　1947–1972』(琉球新報社、2010 年)、218 頁。
(36) Future Planning for MSU/University of the Ryukyus Cooperation and Relationships, Records of University of Ryukyu Project, Box 279, Folder 55.
(37) Proposed Revision of Advisory Services for the University of the Ryukyus, ibid.
(38) The MSU/University of the Ryukyus Project-Some Recollections July

D.C.: United States Government Printing Office, 1959), 104-105.

(11) Ralph H. Smuckler, *A University Turns to the World* (East Lansing: Michigan State University Press, 2003), 57.

(12) *Report from Dr. Hatch*, Records of University of Ryukyu Project, Box 280, Folder 18.

(13) 沖縄返還までの日米政治交渉については以下の文献が詳しい。中島、前掲書、Nicholas Evan Sarantakes, *Keystone: The American Occupation of Okinawa and U.S.-Japanese Relations* (College Station: Texas A&M University Press, 2000); Fintan Hoey, *Sato, America and the Cold War: US-Japanese Relations, 1964-72* (London: Palgrave Macmillan, 2015).

(14)『守礼の光』と『今日の琉球』の分析に関しては、次の文献を参照。鹿野政直「『今日の琉球』をとおして見た在沖縄アメリカ軍の文化政策」『日本歴史』375号、1979年、1-17頁、宮城悦二郎『沖縄占領の27年間——アメリカ軍政と文化の変容』(岩波書店、1992年)。

(15) The United States Information and Educational Act of 1948, HR 3342, 80th Congress, 2nd session, RG306 General Record 1953-1957, Box 1; Six Semi-annual Report of United State Advisory Commission on Information, ibid; Kenneth Osgood, *Total Cold War: Eisenhower's Secret Propaganda Battle at Home and Abroad* (Lawrence: University of Kansas Press, 2006), 93, 146.

(16)『守礼の光』2号、1962年2月、2-3頁、『守礼の光』3号、1962年3月、2-3頁、『守礼の光』8号、1962年8月、1頁。

(17) Greg Brazinsky, *Nation Building in South Korea: Korean, Americans, and the Making of a Democracy* (Chapel Hill: The University of North Carolina Press, 2007), 173-175; Victor Koschmann, "Modernization and Democratic Values: The 'Japanese Model' in the 1960s" in David C. Engerman, Nils Gilman, Mark H. Haefele and Michael E. Latham ed., *Staging Growth: Modernization Development, and the Global Cold War* (Amherst: University of Massachusetts Press, 2003), 225-237; Christina Klein, *Cold War Orientalism: Asia in the Middlebrow Imagination, 1945-1961* (Berkeley: University of California Press, 2003), 7.

(18)『今日の琉球』5巻4号、1961年4月、26-27頁。

(19)『今日の琉球』3巻8号、1959年8月、30-34頁、『今日の琉球』4巻3号、1960年3月、24-25頁、『今日の琉球』5巻9号、1961年9月、16-17頁、小川忠『戦後米国の沖縄文化戦略——琉球大学とミシガン・ミッション』(岩波書店、2012年)、177頁。

(20)『今日の琉球』1巻2号、1957年11月、5-6頁。

(108) Letter from C. D. Mead to Milton E. Muelder, 22 August 1956, Box 279, Folder 51, op. cit.
(109) 沖縄タイムス社編『琉大風土記』、前掲書、77 頁。
(110) 同上、82-84 頁、山里、前掲書、206-207 頁。
(111)『琉球大学新聞』、1956 年 12 月 22 日、沖縄タイムス社編『琉大風土記』、前掲書、95 頁。
(112) 我部聖「琉球大学における表現と検閲」『沖縄文化研究』38 号、2012 年、523 頁、山里、前掲書、208 頁。長い交渉の結果、3 名の学生は日大に、1 名の学生は同志社に転部し、残りの 1 名は後年、琉大に復学した。
(113) 沖縄タイムス社編『琉大風土記』、前掲書、87 頁。
(114) Letter from C. D. Mead to Milton E. Muelder, 22 August 1956, Box 279, Folder 51, op. cit.
(115) Ibid; いれいたかし『沖縄人にとっての戦後』(朝日新聞社、1982 年)、84 頁。不運にもこの事件からまもなくの 9 月 2 日、教授団の研究室が火元の火災が発生し、ミシガン・ミッションに対する学生の疑惑がさらに高まった。
(116) Civil Affairs Activities in the Ryukyu Islands, Vol.5, No.1, 92.

第 4 章

(1) Civil Affairs Activities in the Ryukyu Islands, Vol. 8, No. 1, 161.
(2) 屋良朝苗編『沖縄教職員会 16 年』(労働旬報社、1968 年)、23 頁。
(3) 藤田秀雄「沖縄教育論ノート (1)」『立正大学文学部論叢』30 号、1968 年、40-41 頁、南方同胞援護会『沖縄の教育権返還について』(南方同胞援護会、1966 年)、3-4 頁。
(4) Memorandum of a Conversation, Secretary Dulles' Office, Department of State, Washington, September 23, 1957, *Foreign Relations of the United States* (*FRUS*), *1955-57*, Vol. 23, 491-493.
(5) Japanese Participation in Education in Ryukyu Islands, October 29, 1957, Box 60 of RG 319.
(6) 沖縄タイムス社編『沖縄年鑑　1961 年　復刻版』(日本図書センター、1996 年)、223 頁。
(7)『沖教職教育新聞』、1963 年 1 月 30 日。
(8) 森宣雄『沖縄戦後民衆史――ガマから辺野古まで』(岩波書店、2016 年)、149-150 頁、櫻澤誠『沖縄現代史――米国統治、本土復帰から「オール沖縄」まで』(中央公論新社、2015 年)、84-85 頁。
(9) 中島琢磨『沖縄返還と日米安保体制』(有斐閣、2012 年)、5 頁。
(10) Conlon Associates LTD, *United States Foreign Policy: Asia* (Washington

July 1956, ibid.

(87) Thomas, op. cit., 225.

(88) 山里、前掲書、210頁。

(89) 沖縄タイムス社編『沖縄年鑑　1961年　復刻版』（日本図書センター、1996年）、233頁。

(90) Arnold G. Fisch, *Military Government in the Ryukyu Islands, 1945-1950* (Washington D.C.: Center of Military History United States Army, 1988), 115.

(91) Miyume Tanji, *Myth, Protest and Struggle in Okinawa* (London: Routledge, 2006), 55, 74; 宮城悦二郎『占領者の目』（那覇出版社、1982年）、29頁。

(92) Ed Pfau Jr., Progress Report of the Michigan State College Mission June 20 to September 20, 1952, Box 279, Folder 48, op. cit.

(93)『自由』の発行禁止の理由は、反米的な記載ではなく、日本復帰を推奨する内容が記載されていたためであった。門奈直樹『アメリカ占領時代　沖縄言論統制史——言論の自由への闘い』（雄山閣出版、1996年）、160頁、辻村明・大田昌秀『沖縄の言論——新聞と放送』（至誠堂、1966年）、75頁。

(94) 小川、前掲書、171-173頁、琉球大学教授職員会・大学人九条の会沖縄編『琉大事件とは何だったのか』（琉球大学大学院法務研究科、2010年）、25-38頁。

(95)『沖縄タイムス』、1953年5月5日。

(96) 琉球大学教授職員会・大学人九条の会沖縄編、前掲書、126、172頁。

(97)『琉球学生新聞』、1953年6月21日。

(98) Letter from Russell E. Horwood to Dr. Milton E. Muelder, 13 May 1953, Box 279, Folder 49, op. cit.

(99) Ibid; Letter from Russell E. Horwood to Dr. Milton E. Muelder, 21 June 1953, Box 279, Folder 49, op. cit.

(100) 沖縄タイムス社編『琉大風土記』、前掲書、63-70頁。

(101) Letter from C. D. Mead to Milton E. Muelder, 22 August 1956, Box 279, Folder 51, op. cit.

(102) Ibid; 小川、前掲書、174頁、沖縄タイムス社編『琉大風土記』、前掲書、69頁。

(103) 同上、72-74頁。Tanji, op. cit., 74-75.

(104) 沖縄タイムス社編『琉大風土記』、前掲書、77頁。

(105)『沖縄タイムス』、1956年8月12日。

(106) Letter from C. D. Mead to Milton E. Muelder, 22 August 1956, Box 279, Folder 51, op. cit.

(107) "Okinawa: The Agitators," *Time*, 3 September 1956

(68) Civil Affairs Activities in the Ryukyu Islands, Vol.3 No.2, 115.

(69) Civil Affairs Activities in the Ryukyu Islands, Vol.5 No.1, 99; Tucker, op. cit.

(70) 沖縄タイムス社編、前掲書、124 頁。

(71) Civil Affairs Activities in the Ryukyu Islands, Vol. 1 No.3, 110.

(72) Civil Affairs Activities in the Ryukyu Islands, Vol. 7 No.1, 109-110.

(73) Tucker, op. cit.

(74) Michigan State College Mission Comments, Miss Eleanor Densmore, Box 279, Folder 49, op. cit.

(75) Koikari, op. cit., 79-80, 154.

(76) 琉球大学農学部記念誌発行委員会編、前掲書、69-72 頁、Transfer for the Agricultural Study Center and Domestic Preparation to the Agricultural Course of the University of Ryukyus from Economics Dept. GRI, Box 274, Folder 4A, op. cit.; Opinion on the Transfer of Agricultural Research and Its Promoting Project to University of Ryukyus, ibid.

(77) Memorandum for the Chief, MSC Mission, 29 January 1953, Box 279, Folder 49, op. cit.; Recommendation Concerning the 1953-1954 Michigan State Contract from the Social Science Member, ibid.

(78) Letter from Roy J. Alexander to Dean Glen L. Taggard, 1 August 1957, Box 279, Folder 51, ibid.

(79) Department of the Army Summary Sheet, 12 July, 1955, Box 61 of RG 319. ミシガン・ミッションの予算は、1952 年度は 5 万 9190 ドル、53 年度は 5 万 8961 ドル、54 年度は、5 万 9000 ドル、55 年度は 7 万 4870 ドルであった。Letter from John Hannah to Secretary of Defense C. E. Wilson, 16 June, 1955. Box 61 of RG 319.

(80) Letter from Secretary of Army Wilber M. Brucker to the President John Hannah, 2 March 1956, op. cit.

(81) 山里、前掲書、212-213 頁。

(82) Memorandum for Mr. Frank C. Nash Assistant Secretary for International Security Affairs, 6 March 1953, Box 279, Folder 49, op. cit.

(83) Letter from John Hannah to Secretary of Defense Charles E. Wilson, 16 June 1955, Box 279, Folder 51, ibid.

(84) Letter from Secretary of Defense Charles E. Wilson to John Hannah, 9 August 1956, ibid.

(85) Letter from John Hannah to Wilber M. Brucker, 13 February 1956, ibid.

(86) Letter from John Hannah to Secretary of Defense Charles E. Wilson, 11

42, Folder 22, University Archives & Historical Collections, Michigan State University Library, East Lansing.

(48) Letter from the President John Hannah to Secretary of the Army, Wilber M. Brucker, February 13, 1956. Box 61 of RG 319, National Archives, College Park.

(49) The Relationship Between MSU and the University of the Ryukyus As Experienced By K. T. Wright Paper, August 20, 1986, Karl T. Wright Papers, Box 5808, Folder 16, Archives & Historical Collections, Michigan State University Library, East Lansing; 山里、前掲書、175 頁。

(50) Allan Tucker, Four Years as Science Advisor to the University of the Ryukyus 1953-55, 1957-59. Box 277 of HCRI-HEW Folder 5. 沖縄県公文書館。

(51) 山里、前掲書、158-161 頁。

(52) Civil Affairs Activities in the Ryukyu Islands, Vol.1 No.3, 111.

(53) 山口栄鉄『琉球弧からの飛翔』（榕樹書林、2001 年）、102 頁、

(54) Civil Affairs Activities in the Ryukyu Islands, Vol.5 No.1, 92-94.

(55) Letter from Milton E. Muelder to Professor C. David Mead, 18 June 1956, Box 279, Folder 51, op. cit.

(56) 沖縄タイムス社編『琉大風土記――開学 40 年の足跡』（沖縄タイムス社、1990 年）、166-167 頁。

(57) 小川、前掲書、156 頁。

(58) Letter from H. Earl Diffenderfer to John A. Hannah, September 29, 1955, John A. Hannah Papers, Box 42, Folder 27.

(59) Report of Trip of Dean C.E. Erikson and Milton E. Muelder, Box 61 of RG 319.

(60) *New York Times*. June 28, 1956.

(61) Letter from John A. Hannah to the Secretary of Defense, C.E. Wilson, July 11, 1956. Box 61 of RG319.

(62) Richard O. Niehoff, *John A. Hannah: Versatile Administrator and Distinguished Public Servant* (Lanham: University Press of America, 1989), 18-20.

(63) Civil Affairs Activities in the Ryukyu Islands, Vol.1 No.2, 58.

(64) Memorandum to President Shikiya and Mr. Mead, 17 March 1952, Box 279, Folder 48, op. cit.

(65) 琉球政府『琉球要覧　第2巻　復刻版』（不二出版、2013 年）、317 頁。

(66) 山里、前掲書、193-196 頁。

(67) University of the Ryukyus: Serial Article 1, Box 63 of RG 319; 沖縄タイムス社編、前掲書、130-131 頁。

(29) Ibid., 340-341.

(30) Herman R. Allen, *Open Door to Learning: The Land-Grant System Enters Its Second Century* (Urbana: University of Illinois Press, 1963), 41-43, 56.

(31) 音響学の分野で著名であったエゴン・ハイデマン（Egon Hiedeman）やデューク大学心理学部長であったヘンリー・レオナール（Henry Leonard）の雇用が、一例と言える。詳しくは、David A. Thomas, *Michigan State College: John Hannah and the Creation of A World University, 1926-1969* (East Lansing: Michigan State University, 2008), 99-105 を参照。

(32) John Ernst, *Forging a Fateful Alliance: Michigan State University and the Vietnam War* (East Lansing: Michigan State University Press, 1998), 6-7.

(33) Ibid., 4-5.

(34) James Truett Selcraig, *The Red Scare in the Midwest, 1945-1955: A State and Local Study* (Ann Arbor: UMI Research Press, 1982), 101-102.

(35) Ibid., 129-134.

(36) Thomas, op. cit., 433-435.

(37) Historical Background of MSU Vietnam Project: available from http://vietnamproject.archives.msu.edu/msu.php.

(38) Ernst, op. cit., 7-8.

(39) "The University on the Make,"*Ramparts* (Apr. 1966), 14-16.

(40) Robert Scigliano & Guy H. Fox, *Technical Assistance in Vietnam: The Michigan state University Experience* (New York: Frederick A. Praeger Publishers, 1965), 12.

(41) Milton E. Muelder, Letter to President John Hannah. 11 July 1951. Records of University of Ryukyu Project. Box 279, Folder 45. op. cit.

(42) Milton E. Muelder, Report of Observations of Problems and Conditions on Okinawa: Relative to Michigan State College "Adaption" of University of the Ryukyus, ibid.

(43) Ibid.

(44) Memorandum of Discussion of the 151st Meeting of the National Security Council, 15 June 1953. *Foreign Relations of the United State 1952-1954*, Vol. 14, 1441.

(45) Sent for the Information of Dr. Milton E. Muelder. 27 May 1951.Box 279, Folder 44, op. cit.

(46) Letter from John Hannah to Professor Russell E. Horwood. 7 November 1951, Box 279, Folder 47, op. cit.

(47) The Honorable Dean Acheson, July 1, 1951, John A. Hannah Papers, Box

（15）Ibid., 120, 150.

（16）Richard Ohmann, "English and the Cold War," in Chomsky, op. cit., 88; Audra J. Wolfe, *Competing with the Soviets: Science, Technology, and the States in Cold War America*（Baltimore: The Johns Hopkins University Press, 2013）, 53.

（17）Lowen, op. cit., 3.

（18）Laura Nader, "The Phantom Factor: Impact of the Cold War on Anthropology," in Chomsky et al., op. cit., 112; 藤岡、前掲書、49-50 頁。

（19）近代化理論は、冷戦以前から提唱されていた。しかし、社会科学者達が理論を実証するには、グローバル冷戦が必要であった。冷戦期の近代化理論と社会科学に関しては、次の文献が詳しい。Michael E. Lathan, *Modernization as Ideology: American Social Science and "Nation Building" in the Kennedy Era*（Chapel Hill: University of North Carolina Press, 2000）.

（20）Ibid., 4-5; Ralph H. Smuckler, *A University Turns to the World*（East Lansing; Michigan State University Press, 2003）, 4 .

（21）トルコの事例に関しては、Walter Adams, *Is the World Our Campus?*（East Lansing: Michigan State University Press, 1960）を、チリの事例に関しては、Inderjeet Parmar, *Foundations of the American Century: The Ford, Carnegie, & Rockefeller Foundations in the Rise of American Power*（New York: Columbia University Press, 2012）を参照。

（22）Adams, op. cit., 1-9, 14.

（23）Noam Chomsky, "The Cold War and the University," in Chomsky et al., op. cit., 176.

（24）冷戦期のオリエンタリズムやパターナリズムの影響については、小川、前掲書や Christina Klein, *Cold War Orientalism: Asia in the Middlebrow Imagination, 1945-1961*（Berkeley: University of California Press, 2003）を参照。

（25）久保文明『アメリカ政治史』（有斐閣、2018 年）、152 頁。

（26）Richard M. Fried, *Nightmare in Red: The McCarthy Era in Perspective*（New York: Oxford University Press, 1991）, 101-102.

（27）David Montgomery, "Prosperity under the Shadow of the Bomb," in Chomsky et al., op. cit., xxii.

（28）Nader, op. cit., 110-111; Ellen W. Schrecker, *No Ivory Tower: McCarthyism & The Universities*（New York: Oxford University Press, 1986）, 277; Deborah Sue Elkin, "Labor and the Left: The Limits of Acceptable Dissent at Yale University, 1920s to 1950s,"（Ph.D. Dissertation Yale University, 1995）, 266.

Research, ibid., Box 274, Folder 3.

(7) Civil Affairs Activities in the Ryukyu Islands, Vol.1 No.1, 182.

(8) 他の六つの大学は、ブリガムヤング大学、ハワイ大学、ルイジアナ州立大学、サザン大学、オレゴン州立大学とワシントン州立大学であった。

(9) 琉球大学農学部記念誌発行委員会編『琉球大学農学部22年の歩み』(琉球大学農学部、1974年)、69頁。

(10) David A. Thomas, *Michigan State College: John Hannah and the Creation of a World University, 1926–1969* (East Lansing: Michigan State University Press, 2008), 225; 小川忠『戦後米国の沖縄文化戦略』(岩波書店、2012年)、215–216頁。

(11) 山里と小川以外の研究では、次の研究がある。Mire Koikari, *Cold War Encounters in US-Occupied Okinawa: Women, Militarized Domesticity, and Transnationalism in East Asia* (Cambridge: Cambridge University Press, 2015).

(12) 近年の米沖関係に関する研究としては次のような研究がある。Laura Hein and Mark Selden, eds., *Islands of Discontent: Okinawan Responses to Japanese and American Power* (Lanham: Rowman & Littlefield Publishers, INC, 2003) ; Donna Alvah, *Unofficial Ambassadors: American Military Families Overseas and the Cold War, 1946–1965* (New York: New York University Press, 2007); Chris Ames, "Marginality and Agency among Okinawan Women in Relationships with U.S. Military Men," in Maria Hahn and Seugsook Moon, eds., *Over There: Living with the U.S. Military Empire from World War Two to the Present* (Durham: Duke University Press, 2010); Johanna O. Zulueta, "Living as Migrants in a Place That Was Once Home: The Nisei, the US Bases, and Okinawan Society," *Philippine Studies* 60, No. 3 (2012).

(13) 冷戦期の政府と大学の関係について言及した研究としては、次のようなものがある。Stuart W. Leslie, *The Cold War and American Science: The Military-Industrial-Academic Complex at MIT and Stanford* (New York: Columbia University Press, 1993); Norm Chomsky et al., *The Cold War & The University: Toward An Intellect History* (New York: New Press, 1997); Mark Solovey & Hamilton Cravens ed., *Cold War Social Science: Knowledge, Production, Liberal Democracy, and Human Nature* (New York: Palgrave Macmillan, 2012); 藤岡真樹『アメリカの大学におけるソ連研究の編制過程』(法律文化社、2017年)。

(14) Rebecca S. Lowen, *Creating the Cold War University: The Transformation of Stanford* (Berkeley: University of California Press, 1997), 72, 99.

Era," in Alan I. Marcus ed., *Science as Service: Establishing and Reformulating American Land-Grant Universities, 1865-1930* (Tuscaloosa: The University of Alabama Press, 2015), 141.

(87) Herman R. Allen, *Open Door to Learning: The Land-Grant System Enters Its Second Century* (Urbana: University of Illinois Press, 1963), 41-43, 56; Walter Adams, *Is the World Our Campus?* (East Lansing: Michigan State University Press, 1960), 2-3; Inderjeet Parmar, *Foundations of the American Century: The Ford, Carnegie, & Rockefeller Foundations in the Rise of American Power* (New York: Columbia University Press, 2012), 11, 196-197.

(88) Letter from Frank C. Abott to John A. Hannah, 17 May, 1951. Records of University of Ryukyu Project, Box 279, Folder 44, op. cit; Memorandum of Information Concerning a Cooperative Project with the University of the Ryukyus, *Paper of James T. Watkins IV*, Box 5.

(89) Memorandum of Discussion at the 151st Meeting of the National Security Council, June 25, 1953 , *Foreign Relations of the United States* (*FRUS*), *1952-54* Vol. 16, Part 2, 1443.

(90) National Security Council Report, June 11, 1960, *FRUS 1958-60*, Vol. 18, 348; *Pacific Stars and Stripes*, January 17, 1961. 1961年度のUSCARへの援助額は、前年度より83万5000ドル増加したものとなった。

(91) John Allen Stern, *C.D. Jackson: Cold War Propagandist for Democracy and Globalism* (Lanham: University Press of America, Inc., 2012), xiv.

(92) Walter L. Hixson, *Parting the Curtain: Propaganda, Culture, and Cold War 1945-1961* (New York: St. Martin Press, 1997), 22-23.

(93) 吉本、前掲書、245-246、298頁。

第3章

(1) 山里勝己『琉大物語　1947-1972』（琉球新報社、2010年）、155頁。

(2) Michael Schaller, *The American Occupation of Japan: The Origins of the Cold War in Asia* (New York: Oxford University Press, 1985), 20-25.

(3) 山里、前掲書、135頁。

(4) Gordon Warner, *History of Education in Postwar Okinawa* (Tokyo: Nihon Bunka Kagakusha, 1972), 25.

(5) Milton E. Muelder, The University of Ryukyu—A Report. Records of University of Ryukyu Project. Box 279, Folder 46. University Archives & Historical Collections, Michigan State University Library, East Lansing.

(6) Agricultural and Home Improvement Education Through Teaching and

(67) 沖縄タイムス社、前掲書、234頁、小川、前掲書、100頁。
(68) 沖縄県教育委員会編『沖縄の戦後教育史』、前掲書、575-577頁。
(69) 同上、578頁。
(70) 文教友の会編『戦後沖縄教育の回顧録』(文教友の会、1993年)、42頁。
(71) 山里、前掲書、204頁。
(72) Osgood, op. cit., 46-49.
(73) Executive Order 10713—Providing for the Administration of the Ryukyu Islands, June 5, 1957: available from http://www.presidency.ucsb.edu/ws/?pid=106354; James C. Hagerty, Press Secretary to the President, June 5, 1957, *White House Central Files*, Box 158. 宮里、前掲書、114頁。
(74) *Pacific Stars and Stripes*, June 23, 1957.
(75) Telephone Call to the President, April 17, 1958, White House Telephone Conversation, *John Foster Dulles Papers*. 朝日新聞の報道は、米軍当局者が「百年でも(沖縄を)保持できる」と答えたと報道している。『朝日新聞』1956年6月15日。
(76) Sarantakes, op. cit., 77.
(77)『琉球大学学生新聞』、1962年7月20日。沖縄タイムス社編『琉大風土記』(沖縄タイムス社、1990年)、235頁。
(78) 屋良、前掲書、84-85頁。
(79) Civil Affairs Activities in the Ryukyu Islands, Vol.1 No.1, 175.
(80) 奥平、前掲書、73-75頁、『沖教職教育新聞』、1965年6月1日。
(81) Yoshida, op. cit.; 中野好夫、前掲書、30頁。
(82) 沖縄教職員会については次の文献を参照。関広延『沖縄教職員会』(三一書房、1968年)、屋良朝苗編『沖縄教職員会16年』(労働旬報社、1968年)、『沖教職教育新聞』、1960年3月20日。
(83) Personal, FY 54 Michigan State College Contract, 6 March 1953. Records of University of Ryukyu Project, Box 279, Folder 49. op. cit; Mire Koikari, *Cold War Encounters in US-Occupied Okinawa: Women, Militarized Domesticity, and Transnationalism in East Asia* (Cambridge: Cambridge University Press, 2015), 72; Fisch, op. cit., 102.
(84) What is Land-Grant College? available from https://ext.wsu.edu/documents/landgrant.pdf; Internet.
(85) 石渡尊子「戦後沖縄における家政学教育の出発——琉球大学創設期のカリキュラムに着目して」『家政学原論研究』No. 47、2013年、40頁。
(86) Debra A. Reid, "People's Colleges for Other Citizens: Black Land-Grant Institutions and the Politics of Educational Expansion in the Post-Civil War

Folder Ryukyu University, Goeku Chosho.

(47) Annex to Black Book for Royal Secretary, January 25, 1949, RG 335.

(48) Chizuru Saeki, "The Perry Centennial of 1953 in Okinawa: U.S. Cultural Policy in Cold War Okinawa," *Journal of International and Area Studies*, (Vol. 19, 2012), 17.

(49) 吉本、前掲書、250頁。

(50) Belmonte, op. cit., 66; Alvah, op. cit., 55.

(51) Gregory Henderson, ed., *Public Diplomacy and Political Change: Four Case Studies: Okinawa, Peru, Czechoslovakia, Guinea* (New York: Praeger Publisher, 1973), 50.

(52) 沖縄県教育委員会編『沖縄の戦後教育史』、前掲書、567-568頁。

(53) Warner, op. cit., 79.

(54) 山里、前掲書、110頁。

(55) 琉球大学編『十周年記念誌』（琉球大学、1961年）、67頁、小川忠『戦後米国の沖縄文化戦略――琉球大学とミシガン・ミッション』（岩波書店、2012年）、87-88頁。

(56) University of the Ryukyus Publication 1958, 1959, Records of University of Ryukyu Project. Box 284, Folder 24, University Archives & Historical Collections, Michigan State University, East Lansing.

(57) 沖縄タイムス社編『沖縄年鑑　1959年　復刻版』（日本図書センター、1996年）、234頁、Yoshida, op. cit., 44.

(58) James N. Tull, *The Ryukyu Islands, Japan's Oldest Colony—America's Newest: Analysis of Policy and Propaganda* (MA thesis, University of Chicago, 1953), 72.

(59) After June 1946: Reversionism 1953 Correspondence, *Paper of James T. Watkins IV*, Box 10.

(60) Ibid.

(61) Stuart J. Seborer, The Army's educational exchange program (Washington D.C.: Reorientation Branch, Office of the Undersecretary, 1950), 15.

(62) 屋良朝苗『屋良朝苗回顧録』（朝日新聞社、1977年）、6-7頁。

(63) Educational Progress in Japan and the Ryukyus, May 25, 1950, *Paper of James T. Watkins IV*, Box 11.

(64) 宮城、前掲書、55-57頁。

(65) 小川、前掲書、166頁。

(66) 山里、前掲書、155頁、Civil Affairs Activities in the Ryukyu Islands, Vol.5 No.1, 92.

Naval Institute Press, 2009), 151; Gordon Warner, *History of Education in Postwar Okinawa* (Tokyo: Nihon Bunka Kagakusha,1972), 15-17; Kensei Yoshida, *Democracy Betrayed: Okinawa Under U.S. Occupation* (Bellingham: Center for East Asian Studies, Western Washington University, 2002), 34-35; 中野好夫『沖縄――戦後資料』(日本評論社、1969年)、31頁。

(33) Political, Social, and Economic Report of the Ryukyu Islands for the Secretary of War. 沖縄県教育委員会編 『沖縄研究叢書16』(沖縄県教育委員会、2006年)、5、29-39頁。

(34) Annex to Black Book for Secretary of Royal, January 25, 1949, RG 335.

(35) 中野、前掲書、30頁

(36) Annex Number 2 to Operations Instruction No. 6 Military Government, Ryukyu Islands, March 31, 1949, RG319; Cohesion of the Ryukyu Islands as a Racial and Cultural Entity, June 14, 1949, ibid.

(37) 中野、前掲書、29頁、Warner, op. cit., 42.

(38) Alfred W. McCoy, *Policing America's Empire: The United States, the Philippines, and the Rise of the Surveillance States* (Madison: The University of Wisconsin Press, 2009), 42-43; Paul A. Kramer, *The Blood of Government; Race Empire, the United States & the Philippines* (Chapel Hill: The University of North Carolina Press, 2006), 203-204.

(39) Susumu Yamauchi, "The U.S. Military Government's Language Education Policy in Postwar Okinawa," 照屋善彦・山里勝己編『戦後沖縄とアメリカ――異文化接触の五〇年』(沖縄タイムス社、1995年)、519頁。

(40) Arnold G. Fisch, *Military Government in the Ryukyu Islands, 1945-1950* (Washington D.C.: Center of Military History United States Army, 1988), 100; Warner, op. cit., 27.

(41) Dingman, op. cit., 152-154; Fisch, op. cit., 13-14.

(42) 山里、前掲書、128-130頁。

(43) 奥平、前掲書、23-24頁。

(44) Osgood, op. cit., 114; Naoko Shibusawa, *America's Geisha Ally: Reimaging the Japanese Enemy* (Cambridge, MA: Harvard University Press, 2006), 208. 沖縄の日本返還でこの制度が廃止されるまでに900名の若者が、アメリカで数年間の高等教育を受け、その内の58名が博士号まで取得した。

(45)『今日の琉球』2巻2号、1958年2月、7-9頁、『今日の琉球』3巻10号、1959年10月、3、14-15頁、『今日の琉球』5巻9号、1961年9月、28-29頁。

(46) To Enable Mr. Chosho Goeku to Visit the United State by Mr. Roy Nakada, Rockefeller Foundation Collection, RG Rockefeller, Series 609, Box 44,

(12) Donna Alvah, *Unofficial Ambassadors: American Military Families Overseas and the Cold War, 1946-1965* (New York: New York University Press, 2007), 174-175, 190; 宮城悦二郎『占領者の目』（那覇出版社、1982年）、55-57頁。
(13) 宮里政玄『アメリカの沖縄統治』（岩波書店、1966年）、iv頁。
(14) 屋嘉比、前掲書、335-337頁、吉本、前掲書、297頁。
(15) Osgood, op. cit., 93, 146.
(16) 櫻澤誠『沖縄現代史』（中央公論新社、2015年）、59-61頁。
(17) Sarantakes, op. cit., 99.
(18) "Report of Military Government Activities for the Period from 1 April 1945 to 1 July 1946," 沖縄県文化振興会公文書館管理部史料編集室『沖縄県史 資料編9』（沖縄県教育委員会、2000年）、2頁。
(19) 川平朝申『終戦後の沖縄文化行政史』（月刊沖縄社、1997年）、56頁。
(20) Social Rehabilitation: Hanna/Watkins, *Paper of James T. Watkins IV*, Box 9.
(21) Alvah, op. cit., 7.
(22) Ibid.
(23) Civil Affairs Handbook Ryukyu (Loochoo) Islands, 156, ibid., Box 11.
(24) 奥平一『戦後沖縄教育運動史』（ボーダーインク、2010年）、19頁。
(25) 八重山のように、学校の校舎施設の被害が少なかったものの、兵舎や軍事構築資材として、校舎が強制的に破壊・撤収される場合もあった。八重山教育事務所編『戦後八重山教育の歩み』（戦後八重山教育の歩み編集委員会、1982年）、28頁。
(26) 平良好利『戦後沖縄と米軍基地――「受容」と「拒絶」のはざまで　1945～1972年』（法政大学出版局、2012年）、31-35頁。
(27) 琉球政府『琉球要覧　第1巻　復刻版』（不二出版、2013年）、277頁。
(28) 沖縄県教育委員会編『沖縄の戦後教育史　資料編』（沖縄県教育委員会、1978年）、1127頁。八重山教育基本法については、八重山教育事務所編、前掲書、79-83頁を参照。
(29) A Monograph on the Okinawan Educational System, 15 May 1948, Box 1, Entry 34179, Record Groups 338.
(30) 那覇市歴史博物館編『戦後をたどる――「アメリカ世」から「ヤマトの世」へ』（琉球新報社、2007年）、67頁。
(31) 沖縄県教育委員会編『沖縄の戦後教育史』（沖縄県教育委員会、1977年）、9頁、吉田裕久『占領下沖縄・奄美国語教科書研究』（風間書房、2010年）、64頁。
(32) Roger Dingman, *Deciphering the Rising Sun: Navy and Marine Corps Codebreakers, Translators, and Interpreters in the Pacific War* (Annapolis:

反戦地主』（高文研、1986年）、30-32頁。

(3) 例えば以下のような研究がある。Walter L. Hixon, *Parting the Curtain: Propaganda, Culture, and the Cold War* (New York: St. Martin's Press, 1997); John Fousek, *To Lead the Free World: American Nationalism & the Cultural Roots of the Cold War* (Chapel Hill: The University of North Carolina Press, 2000); Kenneth Osgood, *Total Cold War: Eisenhower's Secret Propaganda Battle at Home and Abroad* (Lawrence: University of Kansas Press, 2006); Tony Shaw, *Hollywood's Cold War* (Amherst: University of Massachusetts Press, 2007); Justin Hart, *Empire of Ideas: The Origins of Public Diplomacy and the Transformation of U.S. Foreign Policy* (Oxford: Oxford University Press, 2013).

(4) Joseph S. Nye Jr., *Soft Power: The Means to Success in World Politics* (New York: Public Affairs, 2004), 12.

(5) 那覇市市民文化部歴史資料室編『那覇市史　資料篇　第3巻2』（那覇市、2002年）、100頁、屋嘉比収『沖縄戦、米軍占領史を学びなおす』（世織書房、2009年）、364頁。

(6) Nicholas Evan Sarantakes, *Keystone: The American Occupation of Okinawa and U.S.-Japanese Relations* (College Station; Texas A&M University Press, 2000), 195-196.

(7) Statement by Mr. John D. Rockefeller 3rd, January 25, 1951. RG III 2-D, *Office of Messrs, Rockefeller Record*, Box 59, Folder 372. Rockefeller Archive Center, Sleepy Hollow, NY. 松田武『戦後日本におけるアメリカのソフト・パワー』（岩波書店、2008年）、155-156頁。

(8) Hart, op. cit., 201.

(9) 貴志俊彦・土屋由香編『文化冷戦の時代――アメリカとアジア』（国際書院、2009年）、13頁。

(10) 文化外交の評価については次のような研究がある。Nancy Snow, *Propaganda, INC: Selling America's Culture to the World* (New York: Seven Stories Press, 1998); Elizabeth Hoffman, *All You Need Is Love: the Peace Corps and the Sprit of the 1960s* (Cambridge, MA: Harvard University Press, 2000); Stanley Meisler, *When the World Calls: The Inside Story of the Peace Corps and Its First Fifty Years* (Boston; Beacon Press, 2011); William A. Rugh, *Front Line Public Diplomacy: How US Embassies Communicate with Foreign Publics* (New York: Palgrave Macmillan, 2014).

(11) 吉本秀子『米国の沖縄占領と情報政策――軍事主義の矛盾とカモフラージュ』（春風社、2015年）、299頁。

of State (Marshall) to the Secretary of State," June 25, 1951, ibid., 1155-1156; Sarantakes, op. cit., 52; 河野、前掲書、59-60頁、平良、前掲書、58頁。

(98) Sarantakes, op. cit., 57.

(99) 外務省『サンフランシスコ平和条約対米交渉』(巌南堂書店、2007年)、19-20頁、平良、前掲書、61-62頁。

(100) 南方同胞援護会編『沖縄の教育権返還について』(南方同胞援護会、1966年)、2-3頁。

(101) 同上、3頁。

(102) Mire Koikari, *Cold War Encounters in US-Occupied Okinawa: Women, Militarized Domesticity, and Transnationalism in East Asia* (Cambridge: Cambridge University Press, 2015), 8-15.

(103) NSC 125: U.S. Objectives and Courses of Action with respect to Japan, February 19, 1952-November 19, 1953, Documents of the National Security Council, 6th Supplement, Folder: 002953-004-0498.

(104) 小川、前掲書、61、69頁。Kenneth Osgood, *Total Cold War: Eisenhower's Secret Propaganda Battle at Home and Abroad* (Lawrence: University of Kansas Press, 2006), 114-115, 130.

(105) Sarantakes, op. cit., 74-75; Grace Ai-Ling Chou, "Cultural Education as Containment of Communism: The Ambivalent Position of American NGOs in Hong Kong in the 1950s," *Journal of Cold War Studies* Vol. 12 (Spring 2010), 10.

(106) Civil Affairs Activities in the Ryukyu Islands, 1 No.1, 181, 183-186.

(107) 貴志俊彦・土屋由香編『文化冷戦の時代——アメリカとアジア』(国際書院、2009年)、11-12頁。Osgood, op. cit., 215.

(108) ミシガン・ミッションに関して、以下の文献を参照。小川、前掲書、山里勝己『琉大物語　1947-1972』(琉球新報社、2010年)、Koikari, op. cit., So Mizoguchi, "Schooling for Democracy?: Michigan State University and Cold War Education in American-Occupied Okinawa in the 1950s," *Virginia Review of Asian Studies* Vol. 15 No.1 (Spring 2013).

第2章

(1) George H. Kerr, *Okinawa: The History of an Island People: Revised Version* (North Clarendon: Tuttle Publishing, 2000), 16.

(2) United States. Congress House. Committee on Armed Services, Okinawa Land: Hearing before the United House Committee on Armed Service, Eighty Fourth Congress, First Session, October 24-25, 1955; 新崎盛暉『沖縄・

(78) 平良、前掲書、32 頁。Eldridge, op. cit., 228.

(79) "Note by the Executive Security (Sources) to the National Security Council," June 15, 1949, *FRUS, 1949*, Vol. 7, 773-777; "Evaluation of Pacific Deployment to Meet Possible Development, May 1 1950 Chairman's File General Bradley 1949-1953, Box1, RG 228, NARA.

(80) Sarantakes, op. cit., 69.

(81) Alvah, op. cit., 169.

(82) Gibney, op. cit.

(83)『うるま新報』、1949 年 11 月 11 日。

(84) Triplet, op. cit., 214.

(85) Notes on Visit of The Joint Chief of Staff to The Far East, Chairman's File General Bradley 1949-1953, Box1, RG 228., op. cit.

(86) Fisch, op. cit., 81.

(87) "Neglected Okinawa Getting Buildup as Pacific Gibraltar," *Washington Post*, November 6. 1949.

(88) 米軍兵士の住居不足問題は、1960 年に再燃した。Report by the J-4 to the Joint Chiefs of Staff on Dependent Housing, Okinawa, May 17, 1960 in 石井修、小野直樹監修『アメリカ統合参謀本部資料　1953-1961　第 15 巻』(柏書房、2000 年)、290-292 頁。

(89)「シーツ長官政党代表会見内容」、南方同胞援護会編『沖縄問題基本資料集』(南方同胞援護会、1968 年)、427 頁、Alvah, op. cit., 171.

(90) 平良、前掲書、54 頁。

(91) Thomas M. Klein, "The Ryukyus on the Eve of Reversion," *Pacific Affairs* 45 (Spring 1972), 2.

(92) 那覇市歴史博物館編、前掲書、79-82 頁。

(93) Tze May Loo, *Heritage Politics: Shuri Castle and Okinawa's Incorporation into Modern Japan, 1879-2000* (Lanham, Lexington Books, 2014), 157-159.

(94) "Memorandum of Conversation: Japanese Peace Treaty," April 11, 24, 1950 in Dennis Merrill ed., *Documentary History of the Presidency Truman* Vol. 5 (Bethesda: University of Publications of America, 1996), 559-560.

(95) Ibid., 561.

(96) "The Secretary of State to the Secretary of Defense (Marshall)", December 13, 1950, *FRUS, 1950*, Vol. 6, 1363-1364; 平良、前掲書、57 頁。

(97) "The Secretary of State to the United State Political Advisor to SCAP (Sebald)," January 3, 1951, *FRUS, 1951*, Vol. 6, 778-779; "Memorandum by the Consultant to the Secretary (Dulles), June 27, ibid., 1152; "The Secretary

(57) Fisch, op. cit., 108.
(58) Frank Gibney, "Forgotten Island," *Time*, November 28, 1949.
(59) 若林千代『ジープと砂塵――米軍占領下沖縄の政治社会と東アジア冷戦 1945-1950』（有志舎、2015年）、188頁。
(60)『うるま新報』、1949年12月3日。
(61) Karasik, op. cit., 267.
(62) 河野康子『沖縄返還をめぐる政治と外交――日米関係史の文脈』（東京大学出版会、1994年）、Eldridge, op. cit.
(63) Ibid., 83.
(64) Memorandum by Mr. William I. Cargo, of the Division of Dependent Area Affairs, to the Chief of the Division (Gerig), *Foreign Relations of the United States* (*FRUS*), 1948, Vol. 6, 723; Sarantakes, op. cit., xix.
(65) Harry S. Truman, *Memoirs, Volume I: Year of Decisions* (New York: Doubleday and Company, Inc., 1955), 274-275.
(66) Fisch, op. cit., 78.
(67) Ibid., 79; 平良好利『戦後沖縄と米軍基地――「受容」と「拒絶」のはざまで 1945～1972年』（法政大学出版局、2012年）、27頁。
(68) 那覇市歴史博物館編、前掲書、44頁。
(69) Political, Social, and Economic Report of the Ryukyu Islands for the Secretary of War; 沖縄県教育委員会編 『沖縄研究叢書16』（沖縄県教育委員会、2006年）、5、29-39頁。
(70) Sarantakes, op. cit., 45.
(71) 松田、前掲書、15-19頁。
(72) "Revised Paragraph 5 of NSC13/1," October 26, 1948, *FRUS*, 1948, Vol. 6, 877-878.
(73) "PPS 28/2, Observation," March 25, 1948 in Department of State, *The State Department Policy Planning Staff Papers, 1947-1949*, Vol.2 1948 (New York: Garland Publishing Inc., 1983), 210-213; 河野、前掲書、21-22頁。
(74) Article II of the Nimitz Proclamation: available from http://ryukyu-okinawa.net/pages/archive/nimitz.html
(75) 松田、前掲書、13頁。
(76) "Report by the National Security Council on Recommendation with Respect to United State Policy Toward Japan," May 6, 1949, *FRUS, 1949*, Vol. 7, 731; 河野、前掲書、27頁。
(77) 宮里政玄『アメリカの沖縄統治』（岩波書店、1966年）、26-32頁、琉球銀行調査部、前掲書、181頁。

World War II (New York: Simon & Schuster Paperbacks, 2007), 329.
(39) 七尾和晃『沖縄戦と民間人収容所』(原書房、2010年)、155頁。
(40) Summation of United State Army Military Government Activities in the Ryukyu Islands, No.1, op. cit., 25-26.
(41) 収容所内で、食糧不足に悩むことはなかったと回想する人もいた。沖縄県教育委員会編『沖縄県史第10巻』、447頁。また、元うるま新報記者で沖縄女性史研究者である外間米子は、食糧供給に対して「米のほかチーズ、バター、ソーセージ、卵の粉やアイスクリームの粉など、これまで食したことのなかった、アメリカの食料品が配給された。しかし、一日一食分しか支給されず、米軍部隊の労務や畑仕事など、働けば賃金替わりにおにぎり一個が配給されるという状況だったので、飢えから解放されることはなかった」と回顧している。那覇市総務部女性室編『なは・女のあしあと——那覇女性史 戦後編』(琉球新報社、2001年)、44頁。
(42) Fisch, op. cit., 44-48; Yoshida, op. cit., 31.
(43) 那覇市歴史博物館編、前掲書、88-90頁、佐木隆三『証言記録沖縄住民虐殺——日兵逆殺と米軍犯罪』(新人物往来社、1976年)、177頁。
(44) Summation of United State Army Military Government Activities in the Ryukyu Islands No. 2, 18, op. cit.
(45) 沖縄県教育委員会『沖縄県史料　沖縄諮詢会記録』前掲書、255頁。
(46) Dingman, op. cit., 236.
(47) "Army Settles Down to Stay In Okinawa," *Washington Post*, November 19, 1946.
(48) "Okinawans Prove American to Rule: Island's People Remain Docile, but Are Ready to See Us Go," *New York Times*, April 1, 1946.
(49) 占領期の検閲制度については、次の研究が詳しい。門奈直樹『アメリカ占領時代　沖縄言論統制史——言論の自由への闘い』(雄山閣出版、1996年)。
(50)『沖縄タイムス』、1951年6月25日。
(51) 沖縄タイムス社編『庶民がつづる沖縄戦後生活史』(沖縄タイムス社、1998年)、88-91頁。
(52) Naoko Shibusawa, *America's Geisha Ally: Reimaging the Japanese Enemy* (Cambridge, MA: Harvard University Press, 2006), 4-5.
(53) William S. Triplet, *In the Philippines and Okinawa: A memoir, 1945-48* (Columbia: University of Missouri Press, 2001), 206-207.
(54) 鹿野政直『戦後沖縄の思想像』(朝日新聞社、1987年)、81頁。
(55)『うるま新報』、1947年8月1日、Sarantakes, op. cit., 36.
(56) 嘉陽安春『沖縄民政府——一つの時代の軌跡』(久米書房、1986年)、50頁。

erature and Memory (London: Routledge, 1999), 19.

(22) Civil Affairs Okinawa Operation Book No.2, Box 704 RG389, National Archives (NARA), College Park.

(23) Molasky, op. cit., 16-20.

(24) Civil Affairs Okinawa Operation Book No.2, Box 704 RG389, op. cit.

(25) "Report of Military Government Activities for the Period from 1 April 1945 to 1 July 1946," 沖縄県教育委員会編『沖縄県史　資料編 9』（沖縄県教育委員会、2000 年）、4 頁。

(26) Yoshida, op. cit., 10; Fisch, op. cit., 47; Summation of United State Army Military Government Activities in the Ryukyu Islands, No.1, 25-26, Box 13 Miscellaneous Untitled Weekly and Monthly Summations of Various Activities of SCAP 1945-48, Records of the Allied Occupational and Occupation Headquarters, WWII, RG331, NARA.

(27) Mikio Higa, "Okinawa Recent Political Development," *Asian Survey*, Vol. 3, No. 9 (Sep. 1963), 415-426.

(28) Miyume Tanji, *Myth, Protest and Struggle in Okinawa* (London: Routledge, 2006), 38-39.

(29) Summation of United State Army Military Government Activities in the Ryukyu Islands, No.1, op. cit., 20; 沖縄県教育委員会『沖縄県史料　沖縄諮詢会記録』（沖縄県教育委員会、2001 年）、311 頁。

(30) "3 Dead Marines and a Secret of Wartime Okinawa," *New York Times*, June 1, 2001

(31) "Okinawa Wartime Rape," *New York Times*, June 7, 2000; John W. Dower, *Cultures of War: Pearl Harbor, Hiroshima, 9-11, Iraq* (New York: W.W. Norton, 2010), 196.

(32) Dingman, op. cit., 139.

(33) 例えば以下のような研究が占領計画の問題点を指摘している。松田賀孝『戦後沖縄社会経済史研究』（東京大学出版会、1981 年）、琉球銀行調査部『戦後沖縄経済史』（琉球銀行、1984 年）、与那国暹『戦後沖縄の社会変動と近代化』（沖縄タイムス社、2001 年）。

(34) Fisch, op. cit., 55; Sarantakes, op. cit., 7.

(35) 沖縄県教育委員会編『沖縄県史　10』（沖縄県教育委員会、1974 年）、447 頁。

(36) Daniel D. Karasik, "Okinawa: A problem in Administration and Reconstruction," *The Far Eastern Quarterly*, Vol. 7 No.3 (May. 1948), 264.

(37) Ford, op. cit., 178.

(38) Bill Sloan, *The Ultimate Battle: Okinawa 1945: The Last Epic Struggle of*

1945–1956』(勁草書房、2013年)、Miyume Tanji, *Myth, Protest and Struggle in Okinawa* (London: Routledge, 2006); Ruth Ann Keyso, *Women of Okinawa: Nine Voices from A Garrison Island* (Ithaca: Cornell University Press, 2000).

(8) "MacArthur Reports Gains in Okinawa," *New York Times*, March 3, 1947.

(9) Michael Schaller, *The American Occupation of Japan: The Origins of the Cold War in Asia* (New York: Oxford University Press, 1985), 20–25.

(10) "Okinawa Recovering," *New York Times*, April 1, 1946.

(11) "Army Making Friend On Strategic Okinawa," *The Sun*, September 14, 1947.

(12) アメリカの占領政策の比較研究としては次のような文献がある。Nadia Schadlow, *War and the Art of Governance: Consolidating Combat Success into Political Victory* (Washington D.C.: Georgetown University Press, 2017); Jeremi Suri and Paul D. Miller, *Armed State Building: Confronting State Failure 1898–2012* (Ithaca: Cornell University Press, 2013); Robert K. Brigham, *Iraq, Vietnam and the Limits of American Power* (New York: Public Affairs, 2006); James Dobbins ed., *America's Role in Nation-Building: From Germany to Iraq* (Santa Monica: RAND, 2003).

(13) Dobbins, op, cit., xv-xvi.

(14) 例えば以下のような文献がある。Jessica Elkind, *Aid Under Fire: Nation Building and the Vietnam War* (Lexington: University Press of Kentucky, 2016); Roger Dingman, *Deciphering the Rising Sun: Navy and Marine Corps Codebreakers, Translators, and Interpreters in the Pacific War* (Annapolis: Naval Institutes Press, 2009); Greg Brazinsky, *Nation Building in South Korea: Korean, Americans, and the Making of a Democracy* (Chapel Hill: The University of North Carolina Press, 2007).

(15) Clellan S. Ford, "Occupation Experience on Okinawa," *Annals of the American Academy of Political and Social Science*, Vol. 267 (Jan. 1950), 176.

(16) 小川忠『戦後米国の沖縄文化戦略——琉球大学とミシガン・ミッション』(岩波書店、2012年)、25頁。

(17) Leaflets during the battle of Okinawa, *Papers of James T. Watkins IV*, Reel 1, Box1.

(18) Fisch, op. cit., 8–12; 小川、前掲書、16–19頁。

(19) Dingman, op. cit., 1–23.

(20) Fisch, op. cit., 8.

(21) Michael S. Molasky, *The American Occupation of Japan and Okinawa: Lit-*

琉球沖縄論集』第４号、2015 年３月等を参照。

(6) Justin Hart, *Empire of Ideas: The Origins of Public Diplomacy and the Transformation of U.S. Foreign Policy* (Oxford: Oxford University Press, 2013), 201.

(7) 山里勝己『琉大物語　1947-1972』（琉球新報社、2010 年）。

(8) 小川忠『戦後米国の沖縄文化戦略――琉球大学とミシガン・ミッション』（岩波書店、2012 年）、Mire Koikari, *Cold War Encounters in US-Occupied Okinawa: Women, Militarized Domesticity, and Transnationalism in East Asia* (Cambridge: Cambridge University Press, 2015).

第１章

(1) 例えば次のような研究がある。森宣雄『沖縄戦後民衆史――ガマから辺野古まで』（岩波書店、2016 年）、櫻澤誠『沖縄現代史――米国統治、本土復帰から「オール沖縄」まで』（中央公論新社、2015 年）、新崎盛暉『沖縄現代史　新版』（岩波書店、2005 年）、Robert D. Eldridge, *The Origins of the Bilateral Okinawa Problem: Okinawa in Postwar U.S.-Japan Relations, 1945-1952* (New York: Garland Publishing, INC, 2001).

(2) Frank Gibney, “Forgotten Island,” *Time*, November 28, 1949. 占領初期の沖縄民衆史に関しては以下の文献を参照。川平成雄『沖縄占領下を生き抜く――軍用地・通貨・毒ガス』（吉川弘文館、2012 年）、那覇市歴史博物館編『戦後をたどる――「アメリカ世」から「ヤマトの世」へ』（琉球新報社、2007 年）。

(3) 金子彩里香「戦後沖縄におけるＵＳＣＡＲの記録管理と『処分』」『国文学研究資料館紀要　アーカイブズ研究篇』第 13 号、2017 年３月、121 頁。

(4) 以下のような文献がある。Nicholas Evan Sarantakes, *Keystone: The American Occupation of Okinawa and U.S.-Japanese Relations* (College Station; Texas A&M University Press, 2000); Kensei Yoshida, *Democracy Betrayed: Okinawa Under U.S. Occupation* (Bellingham: Center for East Asian Studies Western Washington University, 2002); Laura Hein and Mark Selden, eds., *Islands of Discontent: Okinawan Responses to Japanese and American Power* (Lanham: Rowman & Littlefield Publishers, INC, 2003).

(5) Arnold G. Fisch, *Military Government in the Ryukyu Islands, 1945-1950* (Washington D.C.: Center of Military History United States Army, 1988).

(6) Donna Alvah, *Unofficial Ambassadors: American Military Families Overseas and the Cold War, 1946-1965* (New York: New York University Press, 2007), 57.

(7) 例えば以下のような研究がある。鳥山淳『沖縄／基地社会の起源と相克

注

はじめに

(1) 貴志俊彦・土屋由香編『文化冷戦の時代――アメリカとアジア』(国際書院、2009年)、12頁。

(2) 例えば以下の文献を参照。Walter L. Hixon, *Parting the Curtain: Propaganda, Culture, and the Cold War* (New York: St. Martin's Press, 1997); John Fousek, *To Lead the Free World: American Nationalism & the Cultural Roots of the Cold War* (Chapel Hill: The University of North Carolina Press, 2000); Kenneth Osgood, *Total Cold War: Eisenhower's Secret Propaganda Battle at Home and Abroad* (Lawrence: University of Kansas Press, 2006); Tony Shaw, *Hollywood's Cold War* (Amherst: University of Massachusetts Press, 2007); 松田武『戦後日本におけるアメリカのソフト・パワー』(岩波書店、2008年)。

(3) 例えば以下の文献を参照。河野康子『沖縄返還をめぐる政治と外交』(東京大学出版会、1994年)、我部政明『沖縄返還とは何だったのか――日米戦後交渉史の中で』(日本放送出版協会、2000年)、ロバート・D・エルドリッヂ『沖縄問題の起源――戦後日米関係における沖縄 1945-1952』(名古屋大学出版会、2003年)。アメリカ側の研究では、Nicholas Evan Sarantakes, *Keystone: The American Occupation of Okinawa and U.S.-Japan Relations* (College Station: Texas A& M University Press, 2000).

(4) 宮里政玄『アメリカの沖縄統治』(岩波書店、1966年)、iii-iv.

(5) 例えば次のような文献が挙げられる。Ruth Ann Keyso, *Women of Okinawa: Nine Voices from A Garrison Island* (Ithaca: Cornell University Press, 2000); Donna Alvah, *Unofficial Ambassadors: American Military Families Overseas and the Cold War, 1946-1965* (New York: New York University Press, 2007). 邦語では、平良好利『戦後沖縄と米軍基地――「受容」と「拒絶」のはざまで　1945～1972年』(法政大学出版局、2012年)、櫻澤誠『沖縄の復帰運動と保革対立――沖縄地域社会の変容』(有志舎、2012年)、鳥山淳『沖縄／基地社会の起源と相克　1945-1956』(勁草書房、2013年)、若林千代『ジープと砂塵――米軍占領下沖縄の政治社会と東アジア冷戦　1945-1950』(有志舎、2015年)、神前迪香「アメリカ統治下沖縄におけるUSCARの琉米文化政策」『国際文化研究紀要』第21号、2014年12月、向井洋子「占領期沖縄における『パブリック・ディプロマシー』――翁長君代が導いた意図せざる結果」『国際

Name	Assignment	Year(s) Involved
Ruth J. Peck	Home Economics	1953-55
Miller Perry	MSU Campus Coordinator	1962-68
Edward Pfau	Education	1951-53
Rowland R. Pierson	Student Affairs Advisor	1959-61
Jack Allan Prescott	Agriculture	1953-54
Frank S. Roop, Jr.	Mechanical Engineering	1964-66
John Schickluna	Soil Science	1967
Donal H. Skadden	Business	1965
Robert L. Slocum	Vocational Education	1959-61
Jack J. Stockton	Chief of Party	1965-67
Milo B. Tesar	Crop Science	1967
Allan Tucker	Science	1953-54, 57-58
Ernest J. Wheeler	Chief of Party	1953-54
Karl T. Wright	Chief of Party	1958-60

［出典］Diana Broersma Wright, MSU and The University of Ryukyus:1951-1986

資料3　ミシガン・ミッション参加者一覧

Name	Assignment	Year(s) Involved
Roy J. Alexander	Education	1954-55
Ralph Barrett	English	1960-62
Ralph Belding	Microbiology	1964
Wilbur B. Brookover	Social Science	1962
Richard U. Byerrum	Natural Science	1962
Robert F. Carlson	Horticulture	1956-58
Eleanor Densmore	Home Economics	1952-53
Eugene deBenko	Librarian	1961-62
Roy Donahue	Soil Science	1966
Robin Drews	Social Science	1952-53
Jack C. Elliott	Botany-Plant Path	1955-57
Forrest L. Erlandson	Chief of Party	1967
Richard C. Fell	Chief of Party	1959-61
Harold J. Foster	Agricultural Extension	1965-66
Guy H. Fox	Social Science	1951-52
William Gamble	Art	1964
Robert Geist	English	1964-66
Margaret Harris	Chief of Party	1955-58
Raymond N. Hatch	Chief of Party	1962-63
Russ Horwood	Agriculture	1951-52
Shigeo Imamura	English Language Center	1956, 58
Iwao Ishino	Chief of Party	1963-65
Ronald D. Jones	Education	1952-53
Dennis S. Karjala	Electrical Engineering	1966-68
Alvin L. Kenworthy	Horticulture	1961
Faye Kinder	Foods and Nutrition	1958-60, 65
Horace King	Business Education	1951-52
Tom King	Chief of Party	1963-64
Bernard D. Kuhn	Chief of Party	1954-55
C. David Mead	Chief of Party	1955-57
Texton R. Miller	Vocational Education	1955-56
Paul Munsell	English Language	1966-68
James Ney	English	1962-64

資料２　琉球大学年度別教員数および学生数

（単位：人）

区分／年度	教員数			学生数			研究生	委託生および聴講生
	総数	男	女	総数	男	女		
1950	28	25	3	562	465	97		
1951	29	25	4	759	629	130		
1952	49	44	5	877	716	161		
1953	79	74	5	1,116	899	217		2
1954	101	92	9	1,258	1,006	252		2
1955	111	98	13	1,485	1,120	365		19
1956	126	111	15	1,719	1,308	411		43
1957	134	119	15	1,918	1,447	471		51
1958	139	124	15	2,011	1,499	512	2	72
1959	156	141	15	2,052	1,605	547	6	37
1960	167	150	17	2,268	1,650	618	3	33
1961	167	153	14	2,356	1,652	704	2	13
1962	169	155	14	2,484	1,734	750	6	12
1963	170	157	13	2,480	1,700	780	5	24
1964	182	167	15	2,672	1,832	840	7	26
1965	193	178	15	2,820	1,885	935	10	39
1966	197	182	15	3,157	2,064	1,111	2	38

［出典］『沖縄年鑑　1967 年』

資料

資料１　琉球大学予算　（単位：Ｂ円）

項目／年度	予算額	補助金内訳			学内収入その他
		総額	民政府	琉球政府	
1953	30,596,683	30,570,923	29,870,923	7,000,000	27,560
1954	38,361,405	33,800,000	7,800,000	26,000,000	4,561,400
1955	45,878,700	41,250,000	10,800,000	30,450,000	4,628,700
1956	58,724,600	52,000,000	7,000,000	45,000,000	6,724,600
1957	72,067,200	62,000,000	3,000,000	59,000,000	10,067,200

［出典］『沖縄年鑑　1959 年』

Koikari, Mire. "The World is Our Campus: Michigan State University and Cold War Home Economics in US-occupied Okinawa, 1945–1972," *Gender & History* 24 (Apr. 2012).

Kristol, William & Kagan, Robert, "Toward a Neo-Reaganite Foreign Policy" *Foreign Affairs* 75 (Jul/Aug. 1996).

Mizoguchi, So. "Schooling for Democracy?: Michigan State University and Cold War Education in American-Occupied Okinawa in the 1950s," *Virginia Review of Asian Studies* Vol. 15 No.1 (Spring 2013).

Mizoguchi, So. "Narratives of the Early Stage of American Occupation in Okinawa," *Japan Studies Review* Vol. 22 (2018).

Nishimura, Sey. "Medical Censorship in Occupied Japan, 1945–1948," *The Pacific Historical Review* 58 (Feb. 1989).

Payne, James L. "Does Nation Building Work?," *The Independent Review* (Spring 2006).

Reischauer, Edwin O. "The Broken Dialogue with Japan," *Foreign Affairs,* (Oct. 1960).

Saeki, Chizuru "The Perry Centennial of 1953 in Okinawa : U.S. Cultural Policy in Cold War Okinawa," *Journal of International and Area Studies,* Vol. 19 (2012).

Sato, Hideo. "United States-Japanese Relations: A Japanese View," *Current History* 68 (Apr. 1975).

Scalapino, Robert A. "The American Occupation of Japan-Perspectives after Three Decades." *Annual of the American Academy of Political and Social Science* 428 (Nov. 1976).

Tomiyama, Ichiro. "The Critical Limits of the National Community: The Ryukyuan Subject," *Social Science Japan Journal,* Vol.1 No. 2 (Oct. 1998).

Wood, Gordon S. "The Purpose of the Past: Reflections of the Uses of History," *Historically Speaking* (Jan. 2009).

Yoneyama, Lisa. "Liberation under Siege: U.S. Military Occupation and Japanese Women's Enfranchisement," *American Quarterly* 57 (Sep. 2005).

Zulueta, Johanna O. "Living as Migrants in a Place That Was Once Home: The Nisei, the US Bases, and Okinawan Society," *Philippine Studies* Vol. 60, No. 3 (2012).

鹿野政直「「今日の琉球」をとおして見た在沖縄アメリカ軍の文化政策」『日本歴史』375号（1979年）。

神前迪香「アメリカ統治下沖縄におけるUSCARの琉米文化政策」『国際文化研究紀要』第21号（2014年12月）。

我部聖「琉球大学における表現と検閲」『沖縄文化研究』38号（2012年）。

戸邉秀明「「戦後」沖縄における復帰運動の出発――教員層からみる戦場後／占領下の社会と運動」『日本史研究』第547号（2008年）。

藤田秀雄「沖縄教育論ノート（1）」『立正大学文学部論叢』30号（1968年）。

宮里政玄「米民政府の沖縄統治政策―― 1964～1969年」『国際政治』第52号（1975年）。

向井洋子「占領期沖縄における『パブリック・ディプロマシー』――翁長君代が導いた意図せざる結果」『国際琉球沖縄論集』第4号（2015年3月）。

Barnouw, Erik. "Iwasaki and the Occupied Screen," *Film History* Vol. 2 No.4 (Nov.- Dec. 1988).
Brands, Hal. "Who Saved the Emperor? The MacArthur Myth and U.S. Policy toward Hirohito and the Japanese Imperial Institution, 1942-1946" *Pacific Historical Review* 75 (2006).
Brownlee, Jason. "Can America Nation-Build?" *World Politics* Vol. 59 (Jan. 2007).
Chou, Grace Ai-Ling. "Cultural Education as Containment of Communism: The Ambivalent Position of American NGOs in Hong Kong in the 1950s" *Journal of Cold War Studies* Vol. 12 (Spring 2010).
Eto, Jun. "An Undercurrent in Modern Japanese Literature," *The Journal of Asian Studies* 23, No.3 (May. 1964).
Ford, Clellan S. "Occupation Experience on Okinawa," *Annals of the American Academy of Political and Social Science* Vol. 267 (Jan. 1950).
Higa, Mikio. "Okinawa Recent Political Development," *Asian Survey* Vol. 3, No. 9 (Sep. 1963).
Karasik, Daniel D. "Okinawa: A Problem in Administration and Reconstruction," *The Far Eastern Quarterly* Vol. 7 No.3 (May. 1948).
Kersten, Rikki. "Revisionism, Reaction and the 'Symbol Emperor' in post-war Japan," *Japan Forum* 15 No.1 (Mar. 2003).
Klein, Thomas M. "The Ryukyus on the Eve of Reversion," *Pacific Affairs* 45 No. 1 (Spring 1972).

Big Government. Oxford: Oxford University Press, 2011.
Straub, David. *Anti-Americanism in Democratizing South Korea*. Stanford: The Walter H. Shorenstein Asia-Pacific Research Center, 2015.
Takemae, Eiji. *Inside GHQ: The Allied Occupation of Japan and Its Legacy*. New York: Continuum, 2002.
Tanji, Miyume. *Myth, Protest and Struggle in Okinawa*. London: Routledge, 2006.
Thomas, David A. *Michigan State College: John Hannah and the Creation of a World University, 1926-1969*. East Lansing: Michigan State University Press, 2008.
Tomlin, Gregory M. *Murrow's Cold War: Public Diplomacy for the Kennedy Administration*. Lincoln: Potomac Books, 2016.
Warner, Gordon. *History of Education in Postwar Okinawa*. Tokyo: Nihon Bunka Kagakusha, 1972.
Watanabe, Akio. *The Okinawa Problem: A Chapter in Japan-U.S. Relations*. Clayton: Melbourne University Press, 1970.
Watanabe, Yasushi & McConnell L. David. *Soft Power Super Powers*. Armonk: M. E. Sharpe, 2008.
Wilford, Hugh. *The Mighty Wurlitzer: How the CIA Played America*. Cambridge, MA: Harvard University Press, 2008.
Wolfe, Audra J. *Competing with the Soviets: Science, Technology, and the State in Cold War America*. Baltimore: Johns Hopkins University Press, 2013.
Woodward, Bob. *The War Within*. New York: Simon & Schuster, 2008.
Yoshida, Kensei. *Democracy Betrayed: Okinawa Under U.S. Occupation*. Bellingham: Center for East Asian Studies Western Washington University, 2002.

3. 論文

安里源秀「復帰問題研究会の歩み」『復帰問題研究』3号（1969年5月）。

石渡尊子「戦後沖縄における家政学教育の出発――琉球大学創設期のカリキュラムに着目して」『家政学原論研究』No. 47（2013年）。

エルドリッヂ、ロバート「昭和天皇と沖縄」『中央公論』114号（1991年3月）。

金子彩里香「戦後沖縄におけるUSCARの記録管理と『処分』」『国文学研究資料館紀要　アーカイブズ研究篇』第13号（2017年3月）。

Success into Political Victory. Washington DC: Georgetown University Press, 2017.

Schaller, Michael. *The American Occupation of Japan: The Origins of the Cold War in Asia.* Oxford: Oxford University Press, 1985.

Schaller, Michael. *Douglas MacArthur: The Far Eastern General.* Oxford: Oxford University Press, 1989.

Schaller, Michael. *Altered States: The United States and Japan since the Occupation.* Oxford: Oxford University Press, 1997.

Schonberger, Howard B. *Aftermath of War: Americans and Remaking of Japan, 1945–1952.* Kent: Kent State University Press, 1989.

Schrecker, Ellen W. *No Ivory Tower: McCarthyism & the Universities.* Oxford: Oxford University Press, 1986.

Scigliano, Robert & Fox, Guy H. *Technical Assistance in Vietnam: The Michigan state University Experience.* New York: Frederick A. Praeger Publishers, 1965.

Scott, James C. *Weapons of the Weak: Everyday Forms of Peasant Resistance.* New Heaven: Yale University Press, 1987.

Selcraig, James Truett. *The Red Scare in the Midwest, 1945–1955: A State and Local Study.* Ann Arbor: UMI Research Press, 1982.

Shaw Tony. *Hollywood's Cold War.* Amherst: University of Massachusetts Press, 2007.

Shibusawa, Naoko. *America's Geisha Ally: Reimaging the Japanese Enemy.* Cambridge, MA: Harvard University Press, 2006.

Shimizu, Sayuri. *Creating People of Plenty: The United States and Japan's Economic Alternatives, 1950–1960.* Kent: Kent State University Press, 2001.

Sloan, Bill. *The Ultimate Battle: Okinawa 1945: The Last Epic Struggle of World War II.* New York: Simon & Schuster Paperbacks, 2007.

Smuckler, Ralph H. *A University Turns to the World.* East Lansing: Michigan State University Press, 2003.

Sneider, Vern. *The Teahouse of the August Moon.* New York: Putnam, 1951.

Snow, Nancy. *Propaganda, INC: Selling America's Culture to the World.* New York: Seven Stories Press, 1998.

Sparrow, James T. *Warfare State: World War II Americans and the Age of*

Press, 2002.

Moral, Solsiree del. *Negotiating Empire: The Cultural Politics of Schools in Puerto Rico, 1898-1952*. Madison: The University of Wisconsin Press, 2013.

Moreno, Julio. *Yankee Don't Go Home!: Mexican Nationalism, American Business Culture, and the Shaping of Modern Mexico, 1920-1950*. Chapel Hill: The University of North Carolina Press, 2003.

Niehoff, Richard O. *John A. Hannah: Versatile Administrator and Distinguished Public Servant*. Lanham: University Press of America, 1989.

Nye Jr, Joseph S. *Soft Power: The Means to Success in World Politics*. New York: Public Affairs, 2004.

Olson, Lawrence. *The Ambivalent Moderns: Portraits in Japanese Cultural Identity*. Maryland: Rowman & Littlefield Publishers, 1992.

Onishi, Yuichiro. *Transpacific Antiracism: Afro-Asian Solidarity in 20th-Century Black America, Japan, and Okinawa*. New York: New York University Press, 2013.

Osgood, Kenneth. *Total Cold War: Eisenhower's Secret Propaganda Battle at Home and Abroad*. Lawrence: University Press of Kansas, 2006.

Peacock, Margaret. *Innocent Weapons: The Soviet and American Politics of Childhood in the Cold War*. Chapel Hill: The University of North Carolina Press, 2014.

Robin, Ron. *The Making of the Cold War Enemy: Culture and Politics in the Military-Intellectual Complex*. Princeton: Princeton University Press, 2001.

Rosenberg, Emily S. *Spreading the American Dream: American Economic and Cultural Expansion 1890-1945*. New York: Hill and Wang, 1982.

Ruoff, Kenneth J. *The People's Emperor: Democracy and the Japanese Monarchy, 1945-1995*. Cambridge, MA: Harvard University Press, 2001.

Sandler, Mark. *The Confusion Era: Art and Culture of Japan during the Allied Occupation, 1945-1952*. Seattle: University of Washington Press, 1997.

Sarantakes, Nicholas Evan. *Keystone: The American Occupation of Okinawa and U.S.-Japanese Relations*. College Station: Texas A&M University Press, 2000.

Schadlow, Nadia. *War and the Art of Governance: Consolidating Combat and "Nation Building" in the Kennedy Era.* Chapel Hill: The University of North Carolina Press, 2000.

Ledbetter, James. *Unwarranted Influence: Dwight D. Eisenhower and the Military-Industrial Complex.* New Heaven: Yale University Press, 2011.

Lewis, Adrian R. *The American Culture of War: The History of U.S. Military from World War II to Operation Enduring Freedom 2nd Edition.* New York: Routledge, 2012.

Loo, Tze May. *Heritage Politics: Shuri Castle and Okinawa's Incorporation into Modern Japan, 1879–2000.* Lanham: Lexington Books, 2014.

Lowen, Rebecca S. *Creating the Cold War University: The Transformation of Stanford.* Berkeley: University of California Press, 1997.

Matsuda, Takeshi. *Soft Power and Its Perils: U.S. Cultural Policy in Early Postwar Japan and Permanent Dependency.* Stanford: Stanford University Press 2007.

Matsumura, Wendy. *The Limits of Okinawa: Japanese Capitalism, Living Labor, and Theorizations of Community.* Durham: Duke University Press, 2015.

McCormack, Gavan. *Client State: Japan in the American Embrace.* London: Verso, 2007.

McCormack, Gavan & Norimatsu, Satoko O. *Resistant Islands: Okinawa Confronts Japan and the United States.* Lanham: Rowman & Littlefield, Inc., 2012.

McCoy, Alfred W. *Policing America's Empire: The United States, the Philippines, and the Rise of the Surveillance States.* Madison: The University of Wisconsin Press, 2009.

McPherson, Alan. *Yankee No!: Anti-Americanism in U.S.-Latin American Relations.* Cambridge, MA: Harvard University Press, 2003.

Miller, John H. *American Political and Cultural Perspectives on Japan: From Perry to Obama.* Lanham: Lexington Books, 2014.

Miller, Paul D. *Armed State Building: Confronting State Failure, 1898–2012.* Ithaca: Cornell University Press, 2013.

Molasky, Micheal S. *The American Occupation of Japan and Okinawa: Literature and Memory.* London: Routledge, 1999.

Moore, A. Ray and Robinson, Donald L. *Partners for Democracy: Crafting the New Japanese State under MacArthur.* Oxford: Oxford University

Military Empire from World War Two to the Present. Durtham: Duke University Press, 2010.

Igarashi, Yoshikuni. *Bodies of Memory: Narratives of War in Postwar Japanese Culture, 1945-1970.* Princeton: Princeton University Press, 2000.

Inoue, Kyoko. *The MacArthur's Japanese Constitution: A Linguistic and Cultural Study of Its Making Author.* Chicago: University of Chicago Press, 2001.

Inoue, Masamichi S. *Okinawa and the U.S. Military: Identity Making in the Age of Globalization.* New York: Columbia University Press, 2007.

Johnson, Chalmers ed. *Okinawa: Cold War Island.* Cardiff: Japan Policy Research Institute, 1999.

Kerr, George H. *Okinawa: The History of an Island People, Revised Edition.* North Clarendon: Tuttle Publishing, 2000.

Kersten, Rikki. *Democracy in Postwar Japan: Maruyama Masao and the Search for Autonomy.* London: Routledge, 1995.

Keyso, Ruth Ann. *Women of Okinawa: Nine Voices from A Garrison Island.* Ithaca: Cornell University Press, 2000.

Kitamura, Hiroshi. *Screening Enlightenment: Hollywood and the Cultural Reconstruction of Defeated Japan.* Ithaca: Cornell University Press, 2010.

Klein, Christina. *Cold War Orientalism: Asia in the Middlebrow Imagination, 1945-1961.* Berkeley: University of California Press, 2003.

Koikari, Mire. *Pedagogy of Democracy: Feminism and the Cold War in the U.S. Occupation of Japan.* Philadelphia: Temple University Press, 2008.

Koikari, Mire. *Cold War Encounters in US-Occupied Okinawa: Women, Militarized Domesticity, and Transnationalism in East Asia.* Cambridge: Cambridge University Press, 2015.

Koshiro, Yukiko. *Trans-Pacific Racism and the U.S. Occupation of Japan.* New York: Columbia University Press, 1999.

Kramer, Paul A. *The Blood of Government; Race Empire, the United States & the Philippines.* Chapel Hill: The University of North Carolina Press, 2006.

LaFeber, Walter. *The Clash: U.S.-Japanese Relations throughout History.* New York: W.W. Norton & Company, 1997.

Latham, Michael E. *Modernization as Ideology: American Social Science*

Fousek, John. *To Lead the Free World: American Nationalism & The Cultural Roots of the Cold War.* Chapel Hill: The University of North Carolina Press, 2000.

Fried, Richard M. *Nightmare in Red: The McCarthy Era in Perspective.* New York: Oxford University Press, 1991.

Gienow-Hecht, Jessica C. *Transmission Impossible: American Journalism as Cultural Diplomacy in Postwar Germany 1945-1955.* Baton Rouge: Louisiana State University Press, 1999.

Gillem, Mark L. *America Town: Building the Outposts of Empire.* Minneapolis: University of Minnesota Press, 2007.

Gordon, Andrew. *A Modern History of Japan: From Tokugawa Times to the Present.* New York: Oxford University Press, 2003.

Goto-Jones, Christopher. *Modern Japan: A Very Short Introduction.* Oxford: Oxford University Press, 2009.

Grazia, Victoria de. *Irresistible Empire: America's Advance Through Twentieth-Century Europe.* Cambridge, MA: Harvard University Press, 2005.

Guthrie-Shimizu, Sayuri. *Transpacific Field of Dreams: How Baseball Linked the United States and Japan in Peace and War.* Chapel Hill: The University of North Carolina Press, 2012.

Hara, Kimie. *Cold War Frontiers in the Asia-Pacific: Divided Territories in the San Francisco System.* London: Routledge, 2007.

Hart, Justin. *Empire of Ideas: The Origins of Public Diplomacy and the Transformation of U.S. Foreign Policy.* Oxford: Oxford University Press, 2013.

Hein, Laura and Selden, Mark. eds. *Islands of Discontent: Okinawan Responses to Japanese and American Power.* Lanham: Rowman & Littlefield Publishers, 2003.

Herring, Geroge G. *From Colony to Super Power.* Oxford: Oxford University Press, 2008.

Hixson, Walter L. *Parting the Curtain.* New York: St. Martin's Press, 1998.

Hoey, Fintan. *Sato, America and the Cold War: US-Japanese Relations, 1964-72.* London: Palgrave Macmillan, 2015.

Hoffman, Elizabeth. *All You Need Is Love: the Peace Corps and the Sprit of the 1960s.* Cambridge, MA: Harvard University Press, 2000.

Hohn, Maria and Moon, Seugsook, eds. *Over There: Living with the U.S.*

Cha, Victor D. *Powerplay: The Origins of the American Alliance System in Asia*. Princeton: Princeton University Press, 2016.

Chomsky, Norm et al. *The Cold War & The University: Toward An Intellect History*. New York: New Press, 1997.

Cohen, Theodore. *Remaking Japan: The American Occupation as New Deal*. New York: The Free Press, 1987.

Cooley, Alexander. *Base Politics: Democratic Change and the U.S. Military Overseas*. Ithaca: Cornell University Press, 2008.

Dingman, Roger. *Deciphering the Rising Sun: Navy and Marine Corps Codebreakers, Translators, and Interpreters in the Pacific War*. Annapolis: Naval Institute Press, 2009.

Dobbins, James. *America's Role in Nation-Building: From Germany to Iraq*. Santa Monica, CA : RAND, 2003.

Dower, John W. *Empire and Aftermath: Yoshida Shigeru and the Japanese Experience, 1878-1954*. Cambridge, MA: Harvard University Press, 1979.

Dower, John W. *War without Mercy*. New York: Pantheon, 1987.

Dower, John W. *Embracing Defeat: Japan in the Wake of World War II*. New York: W.W. Norton & Company, 1999.

Dower, John W. *Cultures of War: Pearl Harbor, Hiroshima, 9-11, Iraq*. New York: W.W. Norton, 2010.

Ekbladh, David. *The Great American Mission: Modernization & the Construction of an American World Order*. Princeton: Princeton University Press, 2010.

Eldridge, Robert D. *The Origins of the Bilateral Okinawa Problem: Okinawa in Postwar U.S.-Japan Relations, 1945-1952*. New York: Garland Publishing, Inc., 2001.

Ernst, John. *Forging A Fateful Alliance: Michigan State University and the Vietnam War*. East Lansing: Michigan State University Press, 1998.

Field, Norma. *In the Realm of a Dying Emperor*. New York: Vintage Books, 1993.

Finn, Richard B. *Winner in Peace: MacArthur, Yoshida, and Postwar Japan*. Berkeley: University of California Press, 1992.

Fisch, Arnold G. *Military Government in the Ryukyu Islands, 1945-1950*. Washington D.C.: Center of Military History United States Army, 1988.

University Press, 1960.

Allen, Herman R. *Open Door to Learning: the Land-Grant System Enters its Second Century*. Urbana : University of Illinois Press, 1963.

Alvah, Donna. *Unofficial Ambassadors: American Military Families Overseas and the Cold War 1946-65*. New York: New York University Press, 2007.

Angulo, A. J. *Empire and Education: A History of Greed and Goodwill from the War of 1898 to the War on Terror*. New York: Palgrave Macmillan, 2012.

Appleby, Joyce, Hunt, Lyee & Jacob, Margaret. *Telling the Truth about History*. New York: W.W. Norton & Company, 1994.

Aspinall, Robert W. *Teachers' Unions and the Politics of Education in Japan*. Albany: State University of New York Press, 2001.

Auslin, Michael R. *Pacific Cosmopolitans: A Cultural History of U.S.-Japan Relations*. Cambridge MA: Harvard University Press, 2011.

Belmonte Laura A. *Selling the American Way: U.S. Propaganda and the Cold War*. Philadelphia: University of Pennsylvania Press, 2008.

Bernhard, Nancy E. *U.S. Television News and Cold War Propaganda 1947-1960*. Cambridge: Cambridge University Press, 1999.

Bonnel, Victoria E. & Hunt, Lynn ed. *Beyond the Cultural Turn: New Directions in the Study of Society and Culture*. Berkeley: University of California Press, 1999.

Brazinsky, Gregg. *Nation Building in South Korea: Koreans, Americans, and the Making of a Democracy*. Chapel Hill: The University of North Carolina Press, 2007.

Brigham, Robert K. *Iraq, Vietnam and the Limits of American Power*. New York: Public Affairs, 2006.

Brooks, Peter. *Anti-Americanism and the Limits of Public Diplomacy: Winning Hearts and Minds?* New York: Routledge, 2016.

Burke, Peter. *What is Cultural History?* Cambridge: Polity, 2008.

Cameron, Craig M. *American Samurai: Myth, Imagination, and the Battle in the First Marine Division, 1941-1951*. Cambridge: Cambridge University Press, 1994.

Caprio, Mark E. & Sugita, Yoneyuki ed. *Democracy in Occupied Japan*. London: Routledge, 2007.

門奈直樹『アメリカ占領時代　沖縄言論統制史――言論の自由への闘い』雄山閣出版、1996 年。

屋嘉比収『沖縄戦、米軍占領史を学びなおす――記憶をいかに継承するか』世織書房、2009 年。

屋宜宣仁『沖縄の日本復帰闘争あのころ』コロニー印刷所、1985 年。

山里勝己『琉大物語　1947-1972』琉球新報社、2010 年。

山里将人『アンヤタサ！――沖縄・戦後の映画 1945 ～ 1955』ニライ社、2001 年。

山本章子『米国と日米安保条約改定――沖縄・基地・同盟』吉田書店、2017 年。

山本武利『占領期メディア分析』法政大学出版局、1996 年。

山本武利『GHQ の検閲・諜報・宣伝工作』岩波書店、2013 年。

屋良朝苗編『沖縄教職員会 16 年――祖国復帰・日本国民としての教育をめざして』労働旬報社、1968 年。

吉田裕久『占領下沖縄・奄美国語教科書研究』風間書房、2010 年。

吉次公介『池田政権期の日本外交と冷戦』岩波書店、2009 年。

吉見俊哉『親米と反米――戦後日本の政治的無意識』岩波書店、2007 年。

吉見俊哉他編『冷戦体制と資本の文化』岩波書店、2002 年。

吉本秀子『米国の沖縄占領と情報政策――軍事主義の矛盾とカモフラージュ』春風社、2015 年。

与那国暹『沖縄・反戦平和意識の形成』新泉社、2005 年。

琉球銀行調査部編『戦後沖縄経済史』琉球銀行、1984 年。

琉球大学編『十周年記念誌』琉球大学、1961 年。

琉球大学開学 30 周年記念誌編集委員会編『琉球大学三十年』琉球大学、1981 年。

琉球大学開学 60 周年記念誌編集委員会編『国立大学法人琉球大学 60 年誌』琉球大学、2010 年。

琉球大学教授職員会・大学人九条の会沖縄編『琉大事件とは何だったのか』琉球大学大学院法務研究科、2010 年。

琉球大学農学部記念誌発行委員会編『琉球大学農学部 22 年の歩み』琉球大学農学部、1974 年。

若林千代『ジープと砂塵――米軍占領下沖縄の政治社会と東アジア冷戦 1945-1950』有志舎、2015 年。

渡辺靖『アメリカン・センター――アメリカの国際文化戦略』岩波書店、2008 年。

Adams, Walter. *Is the World Our Campus?* East Lansing: Michigan State

谷川建司『アメリカ映画と占領政策』京都大学学術出版会、2002年。

辻村明・大田昌秀『沖縄の言論――新聞と放送』至誠堂、1966年。

土屋由香『親米日本の構築――アメリカの対日情報・教育政策と日本占領』明石書店、2009年。

照屋善彦・山里勝己編『戦後沖縄とアメリカ――異文化接触の五〇年』沖縄タイムス社、1995年。

豊下楢彦『安保条約の成立――吉田外交と天皇外交』岩波書店、1996年。

鳥山淳『沖縄／基地社会の起源と相克　1945-1956』勁草書房、2013年。

中島琢磨『沖縄返還と日米安保体制』有斐閣、2012年。

中野好夫・新崎盛暉『沖縄戦後史』岩波書店、1976年。

七尾和晃『沖縄戦と民間人収容所――失われる記憶のルポルタージュ』原書房、2010年。

那覇市歴史博物館編『戦後をたどる――「アメリカ世」から「ヤマトの世」へ』琉球新報社、2007年。

南方同胞援護会『沖縄の教育権返還について』南方同胞援護会、1966年。

平野共余子『天皇と接吻――アメリカ占領下の日本映画検閲』草思社、1998年。

福地曠昭『教育戦後史開封』閣文社、1995年。

藤岡真樹『アメリカの大学におけるソ連研究の編制過程』法律文化社、2017年。

藤田秀雄『沖縄の叫び――ベトナム戦争の基地』潮流出版社、1967年。

藤田文子『アメリカ文化外交と日本――冷戦期の文化と人の交流』東京大学出版会、2015年。

藤原彰『占領と民衆運動』三省堂、1975年。

増田弘『マッカーサー』中央公論新社、2009年。

松田武『戦後日本におけるアメリカのソフト・パワー』岩波書店、2008年。

松田賀孝『戦後沖縄社会経済史研究』東京大学出版会、1981年。

宮城悦二郎『占領者の眼――アメリカ人は〈沖縄〉をどう見たか』那覇出版社、1982年
宮城悦二郎『沖縄占領の27年間――アメリカ軍政と文化の変容』岩波書店、1992年。

宮里政玄『アメリカの沖縄統治』岩波書店、1966年。

宮里政玄『日米関係と沖縄　1945-1972』岩波書店、2000年。

モラスキー、マイケル『戦後日本のジャズ文化――映画・文学・アングラ』青土社、2005年。

森宣雄『沖縄戦後民衆史――ガマから辺野古まで』岩波書店、2016年。

森田俊男『アメリカの沖縄教育政策』明治図書出版、1966年。

ボーダーインク、2010年。

小熊英二『〈民主〉と〈愛国〉』新曜社、2002年。

鹿野政直『戦後沖縄の思想像』朝日新聞社、1987年。

我部政明『日米関係のなかの沖縄』三一書房、1996年。

我部政明『沖縄返還とは何だったのか——日米戦後交渉史の中で』日本放送出版協会、2000年。

鎌田隆『時論・評論——ベトナム・沖縄』シイーム出版、2015年。

嘉陽安春『沖縄民政府——一つの時代の軌跡』久米書房、1986年。

ガリオア・フルブライト沖縄同窓会編『ガリオア留学生の足跡』ガリオア・フルブライト沖縄同窓会、2008年。

貴志俊彦・土屋由香編『文化冷戦の時代——アメリカとアジア』国際書院、2009年。

金城弘征『金門クラブ——もうひとつの沖縄戦後史』ひるぎ社、1988年。

久保文明『アメリカ政治史』有斐閣、2018年。

久保義三『占領と神話教育』青木書店、1988年。

来間泰男『沖縄の農業——歴史のなかで考える』日本経済評論社、1979年。

河野康子『沖縄返還をめぐる政治と外交——日米関係史の文脈』東京大学出版会、1994年。

国際協力機構沖縄国際センター『沖縄の教育復興経験と平和構築』国際協力機構沖縄国際センター、2005年。

古関彰一『日本国憲法の誕生』岩波書店、2009年。

小林文人・平良研一編『民衆と社会教育——戦後沖縄社会教育史研究』エイデル研究所、1988年。

小松寛『日本復帰と反復帰——戦後沖縄ナショナリズムの展開』早稲田大学出版部、2015年。

坂本義和、R・E・ウォード編『日本占領の研究』東京大学出版会、1987年。

佐木隆三『証言記録沖縄住民虐殺——日兵逆殺と米軍犯罪』新人物往来社、1976年。

櫻澤誠『沖縄の復帰運動と保革対立——沖縄地域社会の変容』有志舎、2012年。

櫻澤誠『沖縄現代史——米国統治、本土復帰から「オール沖縄」まで』中央公論新社、2015年。

関広延『沖縄教職員会』三一書房、1968年。

袖井林二郎『マッカーサーの二千日』中央公論社、1976年。

平良好利『戦後沖縄と米軍基地——「受容」と「拒絶」のはざまで 1945～1972年』法政大学出版局、2012年。

Time
The Sun
Washington Post

Ⅲ　二次資料

1. 修士・博士論文

Elkin, Deborah Sue. "Labor and the Left: The Limits of Acceptable Dissent at Yale University, 1920s to 1950s" Ph.D. Dissertation Yale University, 1995.

Tull, James N. "The Ryukyu Islands, Japan's Oldest Colony—America's Newest: Analysis of Policy and Propaganda" MA thesis, University of Chicago, 1953.

2. 書籍

新崎盛暉『沖縄・反戦地主　新版』高文研、1996年。

新崎盛暉『沖縄現代史　新版』岩波書店、2005年。

五百旗頭真『日米戦争と戦後日本』大阪書籍、1989年。

いれいたかし『沖縄人にとっての戦後』朝日新聞社、1982年。

江口圭一『二つの大戦』小学館、1993年。

江藤淳『閉された言語空間——占領軍の検閲と戦後日本』文藝春秋、1989年。

大田昌秀『醜い日本人』サイマル出版会、1995年。

大田昌秀『沖縄の民衆意識　新版』新泉社、1995年。

大田昌秀『沖縄の帝王　高等弁務官』朝日新聞社、1996年。

岡原都『アメリカ占領期の民主化政策——ラジオ放送による日本女性再教育プログラム』明石書店、2007年。

小川忠『戦後米国の沖縄文化戦略——琉球大学とミシガン・ミッション』岩波書店、2012年。

沖縄県教育委員会編『沖縄の戦後教育史』沖縄県教育委員会、1977年。

沖縄タイムス社編『私の戦後史　第1集』沖縄タイムス社、1980年。

沖縄タイムス社編『琉大風土記——開学40年の足跡』沖縄タイムス社、1990年。

沖縄タイムス社編『庶民がつづる沖縄戦後生活史』沖縄タイムス社、1998年。

沖縄タイムス社編『激動の半世紀——沖縄タイムス社50年史』沖縄タイムス社、1998年
奥平一『戦後沖縄教育運動史——復帰運動における沖縄教職員会の光と影』

山口栄鉄『琉球弧からの飛翔』榕樹書林、2001 年。
屋良朝苗『屋良朝苗回顧録』朝日新聞社、1977 年。
若泉敬『他策ナカリシヲ信ゼムト欲ス』文藝春秋、1994 年。

Hannah, John A. *A Memoir*. East Lansing: Michigan State University Press, 1980.

Reischauer, Edwin O. *My Life Between Japan and America*. New York: Harper & Row, 1986.

Sarantakes, Nicholas Evan. ed., *Seven Stars: The Okinawa Battle Diaries of Simon Bolivar Buckner, Jr. and Joseph Stilwell*. College Station: Texas A&M University Press, 2004.

Triplet, William S. *In the Philippines and Okinawa: A memoir, 1945-48*. Columbia: University of Missouri Press, 2001.

Truman, Harry S. *Memoirs, Volume I: Year of Decisions*. New York: Doubleday and Company, Inc., 1955.

Ⅱ　新聞・週刊誌

朝日新聞
うるま新報
沖教職教育新聞
沖縄タイムス
今日の琉球
守礼の光
毎日新聞
読売新聞
琉球学生新聞
琉球新報
琉球大学学生新聞
琉球大学新聞
琉大タイムス

New York Times
Pacific Stars and Stripes
Ramparts

the Ryukyu Islands, 1952-1960.
U.S. Congress. Senate. Committee on Foreign Relations. *Okinawa Reversion Treaty*, October 27-29, 1971.
U.S. Department of State. *Foreign Relations of the United States, 1948,* Vol. 6.
U.S. Department of State. *Foreign Relations of the United States, 1949,* Vol. 7.
U.S. Department of State. *Foreign Relations of the United States, 1950,* Vol. 6.
U.S. Department of State. *Foreign Relations of the United States, 1951,* Vol. 6.
U.S. Department of State. *Foreign Relations of the United States, 1952-54,* Vol. 14.
U.S. Department of State. *Foreign Relations of the United States, 1955-57,* Vol. 23.
U.S. Department of State. *Foreign Relations of the United States, 1958-60,* Vol. 18.
U.S. Department of State. *Foreign Relations of the United States, 1961-63,* Vol. 22.
U.S. Department of State. *Foreign Relations of the United States, 1964-68,* Vol. 29.
U.S. Department of State. *Policy Planning Staff Papers, 1947-1949,* Vol.2 1948. New York: Garland Publishing Inc., 1983.
U.S. Office of the Federal Register. *Public Papers of the Presidents of the United States: Lyndon B. Johnson*. Washington D.C.: Government Printing Office, 1968.
Watkins, James T. *Papers of James T. Watkins IV Vol. 1-4.* 緑林堂書店、1994 年。

3. 回顧録・日記

川平朝申『終戦後の沖縄文化行政史』月刊沖縄社、1997 年。
瀬長亀次郎『瀬長亀次郎回想録』新日本出版社、1991 年。
平良辰雄『戦後の政界裏面史——平良辰雄回顧録』南報社、1963 年。
文教友の会編『戦後沖縄教育の回顧録』文教友の会、1993 年。
松岡政保『波乱と激動の回想——米国の沖縄統治二十五年』私家版、1972 年。

University Archives & Historical Collections, Michigan State University Library, East Lansing, Michigan, United States
Records of University of Ryukyu Project.
John A. Hannah Papers.
Karl T. Wright Papers.
Milton Muelder Collection.

2. 公刊資料

石井修・植村秀樹監修『アメリカ統合参謀本部資料　1948-1953』柏書房、2000年。

石井修・小野直樹監修『アメリカ統合参謀本部資料　1953-1961』柏書房、2000年。

石井修・我部政明・宮里政玄監修『アメリカ合衆国対日政策文書集成』柏書房、1996-2011年。

沖縄県教育委員会編『沖縄県史　第10巻』沖縄県教育委員会、1974年。

沖縄県教育委員会編『沖縄の戦後教育史　資料編』沖縄県教育委員会、1978年。

沖縄県文化振興会公文書館管理部史料編集室『沖縄県史　資料編9』沖縄県教育委員会、2000年。

沖縄県文化振興会公文書館管理部史料編集室『沖縄県史料　沖縄諮詢会記録』沖縄県教育委員会、2001年。

沖縄タイムス社編『沖縄年鑑　復刻版』日本図書センター、1996年。

外務省『日本外交文書――平和条約の締結に関する調書　第1冊』外務省、2002年。

中野好夫編『沖縄――戦後資料』日本評論社、1969年。

那覇市編『那覇市史　資料篇　第2巻2』那覇市、1970年。

那覇市編『那覇市史　資料編　第3巻2』那覇市、2002年。

南方同胞援護会編『沖縄問題基本資料集』南方同胞援護会、1968年。

琉球政府『琉球要覧　復刻版』不二出版、2013年。

琉球政府文教局『琉球史料　第3巻教育編　復刻版』那覇出版社、1988年。

Conlon Associates LTD, *United States Foreign Policy: Asia*. Washington D.C.: United States Government Printing Office, 1959.
Merrill, Dennis ed. *Documentary History of the Presidency Truman Vol. 5*. Bethesda: University of Publications of America, 1996.
U.S. Civil Administration of the Ryukyu Islands, Civil Affairs Activities in

主要参考文献

Ⅰ　一次資料

1. 未刊行資料

沖縄県公文書館、沖縄県南風原町

White House Central Files. (Original in Dwight D. Eisenhower Presidential Library)

John Foster Dulles Papers. (Original in Dwight D. Eisenhower Presidential Library)

National Security Files Countries Japan. (Original in John F. Kennedy Presidential Library)

外務省外交史料館、東京都港区

米国管理下の南西諸島状況雑件沖縄関係日本政府現地出先機関（日米琉球諮問委員会日本政府代表）（平成22年度公開）

National Archives, College Park, Maryland, United States

Record Group 59: Records of Offices Responsible for Far Eastern and Pacific affairs.

Record Group 218: Joint Chiefs of Staff Files.

Record Group 260: Records of the U.S. Civil Administration of the Ryukyu Islands (USCAR).

Record Group 273: National Security Council Records.

Record Group 331: Records of Allied Operational and Occupation Headquarters, World War II.

Record Group 389: Records of the Information Branch.

The Rockefeller Archive Center, Sleepy Hollow, New York, United States

Rockefeller Foundation Records, Projects, 1.2: Japan.

John D. Rockefeller 3rd Papers.

Charles Burton Fahs Papers.

【マ行】

【ヤ行】

【ラ行】

【ワ行】

【A ～ Z】

【サ行】

【タ行】

【ナ行】

【ハ行】

索　引

【ア行】

【カ行】

著者紹介
溝口　聡（みぞぐち・そう）
1982年千葉県生まれ。2005年立教大学文学部卒業。2010年ケント州立大学大学院歴史学部より修士号（M.A.）取得。2013年立教大学大学院法学研究科博士後期課程単位取得退学。2018年ミシガン州立大学大学院歴史学部より博士号（Ph.D.）取得。現在、立教大学法学部政治学科助教。
主著 "Narratives of the Early Stage of American Occupation in Okinawa," *Japan Studies Review* Vol. 22 (2018)、「カーター外交とパキスタン　1977-1980 ――人権、核拡散、新冷戦をめぐる政策調整問題」『立教法学』96号（2017年）など

アメリカ占領期の沖縄高等教育
文化冷戦時代の民主教育の光と影

2019年2月25日　初版第1刷発行

著　者　溝口　聡
発行者　吉田真也
発行所　合同会社 吉田書店
102-0072　東京都千代田区飯田橋2-9-6 東西館ビル本館32
TEL：03-6272-9172　FAX：03-6272-9173
http://www.yoshidapublishing.com/

装幀　野田和浩
DTP　閏月社
印刷・製本　シナノ書籍印刷株式会社
定価はカバーに表示してあります。

ISBN978-4-905497-73-8